U0129476

「綠蒂詩路八十」詩歌研討會論文集

陳義芝等著

文　學　叢　刊

文史哲出版社印行

國家圖書館出版品預行編目資料

「綠蒂詩路八十」詩歌研討會論文集 /
陳義芝等著. -- 初版 -- 臺北市：文史哲
出版社，民 110.11
　頁；　公分 --（文學叢刊；436）
　ISBN 978-986-314-574-5（平裝）

1.王吉隆　2.新詩　3.詩評　4.文集

863.2107　　　　　　　　110018558

文　學　叢　刊　436

「綠蒂詩路八十」詩歌研討會論文集

著　　者：陳　　義　　芝　　等
出版者：文　史　哲　出　版　社
　　　　http://www.lapen.com.tw
　　　　e-mail：lapen@ms74.hinet.net
登記證字號：行政院新聞局版臺業字五三三七號
發行人：彭　　　　正　　　　雄
發行所：文　史　哲　出　版　社
印刷者：文　史　哲　出　版　社
臺北市羅斯福路一段七十二巷四號
郵政劃撥帳號：一六一八○一七五
電話886-2-23511028 · 傳真886-2-23965656

定價新臺幣三○○元

二○二一年（民一一○）十一月初版

「綠蒂詩路八十」詩歌
研討會論文集

目　次

充滿回憶，知覺當下

—— 讀綠蒂《北港溪的黃昏》

陳義芝

　　詩人綠蒂（1942-），與「中國文藝協會」、「中華民國新詩學會」關係密切，長時間擔任秘書長、理事長，辦理文藝獎章授贈及優秀青年詩人拔擢等事務；近年主編《秋水詩刊》，頗多新猷，展現了「其命維新」的氣象

　　……

　　此皆為文壇、詩界人士所熟知。但若說起 1961 年底，十九歲的他以一位仍在學的大學生，即接編當年甚具影響力的《野風》文藝雜誌，並於翌年創辦《野火》詩刊，知道的人就不多了。

　　1960 年代年輕的綠蒂，出版過兩本詩集（《藍星》、《綠色的塑像》）後，有一段時間未繼續開拓詩的版圖，但證諸 1990 年代以來他再接續、再出發、再綻放創作姿采的成績，顯然以「綠蒂」做筆名的那一顆詩心，以及以「野火」自期的那一股激情，始終

未消蝕。

最近他又要推出新集《北港溪的黃昏》，這可以看作綠蒂晚期詩風 ── 七十歲以後「充滿回憶，知覺當下」的特殊表現。「借用」薩依德（Edward W. Said）的話「藝術如果不在現實面前自棄權利，結果就是晚期風格」，綠蒂晚期的詩並不帶否定性，沒有所謂的撕扯、裂痕、碎片、密碼，與他存在的社會秩序也未見矛盾、疏離，反而映出一種靜穆、和解後的成熟。

綠蒂面對繁瑣的、與人交接的行政事務，及歲月催逼的無情現實，竟能持續從容寫詩，這就是我借用的不「自棄（作為詩人的）權利」的意思。然則他的晚期詩風如何得證？以選做集名的〈北港溪的黃昏〉為例：

> 媽祖廟縮小了記憶的版圖
> 不再是兒時嬉遊的樂園
> 橋上沒有載運甘蔗小火車的汽笛
> 只有南陽國小的弦歌
> 與鳳凰木依舊

北港溪是雲林最重要的水系，雲林是綠蒂的家鄉。儘管時代變遷，景物滄桑，不變的唯是回憶所珍惜的童年歌聲。而今，北港溪這條生命隱喻的長河雖已黃昏，但夕光更能在水上織錦：

> 每一吋夕光緩緩編綴成
> 七十餘年歲月的織錦
> 小漁舟在三級風中

引領視線航向更遠方的蒼茫

「七十餘年歲月」是詩人的人生，「小漁舟」是實景，何嘗不是詩人自喻；「三級風」吹在溪上，也吹在人生的路上，孤舟一葉，將視線與心思一起拉遠 —— 他的人生還要航向更遠的遠方。這就是他在回憶中所知覺的當下感受。

綠蒂之所以能知覺當下，來自雲遊的閱歷，他寫過許多世界各地的旅行詩，更何況還擁有心靈的旅行。詩人經常以「雲」自況：

「雲的旅行沒有疆界／無須護照與簽證……夢境獨自飄遊／所有的美麗與哀傷／都如雲一般寂靜」（〈雲的旅行〉）；「像雲悠然自在／潔白而了無罣礙／我只是去追尋／另一種隱居的方式」（〈終站〉）。在當下的知覺興發中，對照過去與現在，所思所想往往更及於未來，〈終站〉一詩即思考人生最終的歸向：時間不可能停駐，一生「像一冊被風急速翻閱的舊書」，沒有什麼好傷心的，因為書寫下來的文字都留在靜止的心房，璀璨如天上的星光。詩，是他生命之光，詩使他的現世風景煥發出光。

細察綠蒂的新作，「沉默的山丘」是他心中恆久屹立的形象，並以此形象與故鄉的土地連結，成為召喚他向前的「遠景」。〈情繫清溪湖〉的距離體察，與〈存在不一樣美麗的間〉的時間感悟，也都得自於同樣的一顆詩心。

《北港溪的黃昏》詩集另一特色，是隨處閃現的那種不認命的元氣，這也可視作綠蒂晚期詩風的標誌，典型的例子如〈航海日記〉：

> 不識水性
> 卻愛海的蔚藍
> 沒有航圖
> 卻愛孤帆遠航
>
> 不管浮木或燈塔
> 不管攀或指引
> 北港溪的黃昏
>
> 都是海深情的救贖
> 今夜海鷗隨泊的港灣
> 彼岸燈火輝煌的召喚
> 都是思維的異鄉

　　最後一節，詩人說「要在無人識的陌生口岸／點一杯藍色的海洋」。人生沒有衝突，也永不退卻，是和解的境界，是對征途有所理解的靜穆。

　　綠蒂在〈前言〉中說：「旅人沒有邊境，透過零落的畫面，以記憶和思念，拼湊生命的風景，讓所有遺憾都成熟為祝福。」我的閱讀體會是：記憶和思念寫成的詩彌補了黃昏零落的遺憾；詩人留下了詩，他的跫音也將在沒有邊境的旅途不斷迴響。如此啟示，非同小可！

2017 年 6 月 27 日寫於紅樹林

綠蔭新詩果・蒂結浪漫根

── 綠蒂《十八・八十》的往復迴環

蕭　蕭（明道大學特聘講座教授）

摘　要

　　台灣詩界參與兩岸及國際事務詩文交流最頻繁的綠蒂，經歷台灣新詩發展最蓬勃的六十年，在他屆臨八十歲時出版《十八・八十》紀念詩集，是否在「十」字的聚焦與開散、「八」字的分開與背離，有所啟發與暗喻，或者是在「十八・八十」的聲韻上順讀、逆讀皆可通暢中，另有意涵隱在其中，本文藉由詩作文本，來回思考綠蒂十八歲至八十歲新詩創作的主要精神所在、氣質依歸，依次以四小節加以析論，一是「詩是人生江山的統領」，綠蒂一生中的活動幾乎未曾離開「詩」這字、這事、這些人；二是「一即一切的生命思維」，以海天大空間的遊歷與故里小山丘的鄉愁對比，形成詩的對比；三是「對比錯接的因果互動」，讓詩意在陰陽兩極、黑白滾動，互為主從中汩汩而出；四是「想望熱切的永恆動力」，點出翱翔的心、悠遊的夢想、彼岸的想望，都因為愛而活力無限，終而以《十八‧八十》紀念詩集，涵籠綠蒂一甲子的新詩功力。

關鍵字 綠蒂、新詩創作、遊歷與鄉愁、一即一切的生命思維

一、前言：十八與八十的回文反復

綠蒂（王吉隆，1942-），雲林北港人，考入淡江大學時為化學系，後來轉系成功由中文系畢業。一九九四年擔任世界詩人大會會長期間，獲頒香港廣大學院文學博士。早年即投入《野風》文藝[1]、《野火》詩刊[2]、《秋水》詩刊[3]及長歌出版社的主編工作，

---

[1] 《野風》於一九五〇年十一月創刊於台北。初期為半月刊，由台糖年輕職員「金文、司馬 行、予舍、辛魚、黃楊」（皆為筆名）五人共同創辦。以「創造新文藝，發掘新作家」為宗旨，是一份兼顧文藝性與大眾化的民營刊物。初期以歡迎新作家參與，編者也樂與讀者大眾充分溝通，作者群與訂閱數量日增，最高時期曾有六、七千份的印量。前 40 期是雜誌最活躍的高峰階段，以後幾次易主，歷經田湜、綠蒂、許希哲三任主編，至 1965 年 2 月出版第 192 期之後停刊，雜誌歷時十四年又四個月。引自〔台灣文學 期 刊 目 錄 資 料 庫 〕（http://dhtlj.nmtl.gov.tw/opencms/journal/Journal065/index.html）。

[2] 《野火詩刊》於一九六二年五月創刊於台北，封面印著：綠蒂、素跡主編，另印有兩句廣告語：第一流的作品，最優美的心聲。

[3] 《秋水詩刊》於一九七四年一月一日創刊，由古丁、綠蒂、涂靜怡三人主編，一九八一年一月古丁過世，改由涂靜怡策畫發行，涂靜怡退休後，綠蒂繼續經營。

長期擔任中國文藝協會及中華民國新詩學會秘書長、理事長，世界藝術文化學院秘書長等職位。一九六九年即開始參與或主辦世界詩人大會（World Congress of Poets），足跡遍及五大洲，是台灣詩界參與兩岸及國際事務詩文交流最頻繁的一位。

一九五七年，十五歲開始發表新詩作品，終身信守「詩」是心靈最美麗的聲音，是對生命最真摯的對話，「詩」可以使人處於孤寂而免於孤寂。最近出版的《十八‧八十》[4]，開篇第一首即題為〈我詩　故我在〉，仍然堅信「詩　是讓我處於孤寂而享受孤寂　是我對人生最美好的答語」，當然也堅持浪漫主義者的本色，以形象詞彙表達「詩　是湖畔低垂拂面的楊柳　是抹香鯨頭頂上的水柱」[5]。可以說，綠蒂一生中的詩創作就是以柔中帶勁的婉約之筆，創造浪漫抒情的意象，在喧囂的人世間布置一方自我寧靜的天地，寫下生命省思後的雍容情態與自在心意。

一九六〇年，十八歲的他自費發行第一本詩集《藍星》，續此出版的重要詩集，包括《綠色的塑像》（台北：野風，1963）、《風與城》（台北：秋水，1991）、《泊岸》（台北：躍昇，1995）、《坐看雲起時》（台北：秋水，1997）、《沉澱的潮聲》（北京：中國文聯，1998）、《風的捕手》（台北：秋水，2000），這部《風的捕手》完整收入二〇〇〇年一月在北京舉辦的「綠蒂作品研討會」論文，彷彿是二十世紀綠蒂詩作的定音槌。二十一世紀之後的詩集，率由普音文化公司發行，《春天記事》（台北：普音，2003）、《夏日山城》（普音，2004）、《秋光雲影》（普音，2008）、《冬雪

---

[4] 綠蒂：《十八‧八十》，台北：普音文化公司，2020。
[5] 綠蒂：〈我詩　故我在〉，《十八‧八十》（台北：普音文化公司，2020），頁 20。

冰清》（普音，2012），以至於第二十本詩集、八十歲紀念作《十八‧八十》。

　　《十八‧八十》的集名會讓人以為是十八歲到八十歲的作品選集，但其實她是一部「詩集」，而非「詩選」，單純收入新作五十八首，後附青峰英譯、法譯詩篇若干。可惜各詩未標記寫作年月，〈自序〉中自言「堅持以愛為名的創作初心，堅持自以為是的詩歌美學。」雖自謙「十八或八十都是短暫的時間過客」，但也自豪「回首八十詩路的雲和月，曠野廣袤而壯麗的回聲，綻放如歌，遠景蒼茫如詩。」[6] 因此，以《十八‧八十》做為集名必有深意，考察作者第一部詩集出版於滿十八歲時，預計在八十歲時召開另一次個人著作學術研討會，則此《十八‧八十》必是年歲印記的數字留存，但以詩人寫詩六十二年的生命萬象之歷練，邀遊世界五大洲沙漠、山巔、海陬、極地之經驗，定名為筆畫如此簡約的《十八‧八十》應該另有暗喻或象徵義，譬如「十」，橫一為東西，豎丨為南北，所以十有中軸線的聚焦點，也有開向四面八方的企圖心；「八」，象形字，甲骨文開始就象「分開、背離」的樣子。所以，「十」、「八」兩個簡單的兩畫字，說不定詩人心中另有奧義、另有寓含。再如「十八」、「八十」，兩組文字有順讀、逆讀的互文效果，詩人心中是否有這一生的新詩創作，自少至老，往來反復的莫非是情義的交流，不變的是思念、是鄉愁、是彼岸閃爍召喚的燈火？

　　本文將從這本詩集的文本中，尋求可靠的驗證，驗證綠蒂八十年人生對詩、對愛的忠誠。

---

[6] 綠蒂：〈自序〉，《十八‧八十》，頁 16-19。

二、詩是人生江山的統領

　　考察綠蒂一生中的著作與經歷，集中在新詩的寫作與出版，詩選的編輯與發行，詩活動的設計與推展，詩交流的聯繫與規劃，幾乎未曾離開「詩」這字、這事、這些人。[7]

　　詩集的自序之作，通常是詩人的肺腑之言，詩未能表達的，無不以散文盡吐塊壘。綠蒂各期詩集，都在吐露：詩是生命中最長的志業，詩是生命的記事簿，綠蒂砌造屬於自己的詩的城堡，愛與悲哀的情緒悄悄地隱喻在書寫的文字中或自己也理不清的詩意裡。綠蒂的自我陳述：

　　「將屆花甲之年，回首經歷的歲月，生命中充滿了驚奇和起伏變化，卻發覺只有『詩』是我生命中最長的志業。」（《風的捕手‧獨白》，台北：秋水，2000）

　　「詩是我生命的記事簿，也是我生活中最忠實的陪伴，不管我處於榮耀歡欣或哀傷惆悵，它是傾訴，也是呼喚。像東海湛藍的波濤，自由自在地洶湧。」（《綠蒂詩選‧詩是我的代言人》，台北：台灣商務印書館，2006）

　　「在喧嘩的世界裡，我砌造屬於自己的詩的城堡。這個城堡是移動的，也是堅固的，有古典的風雅，也有現代的驚艷。」（《綠蒂詩選‧詩是我的代言人》，台北：台灣商務印書館，2006）

　　「愛與悲哀的情緒從來十分安靜而內斂，不曾意氣用事，也未見傷心落淚。只會悄悄地隱喻在書寫的文字中或自己也理不清的詩意裡。」（《秋光雲影‧自序》，台北：普音，2008）

---

[7] 綠蒂：〈綠蒂創作年表〉，《十八‧八十》，頁 176-182。

　　《十八‧八十》的自序，也一再強調：「詩的溫暖讓我安度雪原冰山的冷酷，詩的安寧讓我無懼穿越死亡的幽谷。」[8]

　　直接以詩篇表露對詩的絕對信仰的，《十八‧八十》首篇〈我詩 故我在〉，直截有力，無可迴避；其次，〈詩的迷宮〉說一生就是一首寫不完的詩，也頗讓人沉迷；〈黃昏之戀〉仍然認為「那首詩／那顆少年的藍星／恆是你的照亮與指引」；〈風寫的詩〉，強調「像陽光、空氣、水一樣／詩是存活的要素之一」；〈繩索或是容器〉更是偏倚，「詩是繩索」：「不用於垂釣或糾纏／而用於救贖或攀升」；「詩是容器」：「溶解怨懟、嫉恨與遺憾／容納美酒、佳文與榮光」。

　　書中以〈一首詩〉[9]作為人生江山的統領，綠蒂這首詩分為七段，首段一開始表明詩是他的城堡，是沒有騎士與號角的安寧的城堡，歡迎造訪並留言，最後是向晚暮色中的回首，確認自己從未真正離開過的就是這首「詩」。首尾兩段是敘述性的意志表明，精確而堅定，中間有四段是形象用語：湍流著夢想永不歇止的河，照亮闇黑蒼穹而長駐你心的星，可避風可棲息的深秋港灣，即使蛀洞依然可見秋天顏色的落葉，用以表達綠蒂心中「詩」的外在的美好與無可比擬的浪漫，居於中央的第四段則用來表明詩的內涵，從十八到八十，始終如一的綠蒂詩的內涵，那就是無償給付、永不腐朽（可以風乾、可以窖藏）的「愛的小語」。

　　詩是一生的宗教，永遠的期許，《十八‧八十》以詩作為往復來回的歌聲。

---

8 綠蒂：〈自序〉，《十八‧八十》，頁 18。
9 綠蒂：〈一首詩〉，《十八‧八十》，頁 142-144。

三、一即一切的生命思維

　　綠蒂以「詩」作為《十八・八十》往復來回的歌聲，以「詩」作為他文學眾多文類中的唯一選擇。或許可以藉佛教術語「一即一切，一切即一」的悟解來加以廓清。

　　丁福保《佛學大辭典》在解說這八個字時，說這是佛教中最究極之說。「蓋以萬有之法，在真如法界中，雖現種種之差別相，而其本體中則無絲毫之差別。種種之法，悉為絕對，而與一切法鎔融時，知其一，即知一切。如嘗海水一滴，即能知一切大海水之鹹味也。」[10] 最後的嘗海水一滴，即能知一切海水皆鹹的譬喻，簡明親切，淺出而有味。

　　唐宣宗大中年間（847-860），河東裴休所集、黃蘗斷際禪師的《傳心法要》，提到「一即一切，一切即一」時，也有一處簡明親切的譬喻，值得引述在此，增加領悟的可能：「諸佛體圓，更無增減；流入六道，處處皆圓；萬類之中，箇箇是佛；譬如一團水銀，分散諸處，顆顆皆圓；若不分時，祇是一塊；此一即一切，一切即一。」[11] 水銀的特性，一團水銀可以碎裂為千百顆各自渾圓的微小水銀，當它們聚合時又團聚為一團圓，這是多麼貼切的「一即一切」的最好徵象。

　　星雲大師的《六祖壇經講話》更引用「千江有水千江月，萬里無雲萬里天」，說天上的月亮只有一個，可是映照在水中，不

---

[10] 丁福保：《佛學大辭典》卷上，台北：新文豐出版社，1992，頁26。

[11] 〔唐〕黃蘗斷際禪師：《傳心法要》，台南：大千世界出版社，1997，頁38。

管江、湖、河、海，乃至臉盆、茶杯，都會有月亮。又如電視節目，雖然只是一個人在電視裡表演，全國幾百萬台的電視機，統統都可以收看，以現代生活中的見聞證明「一即一切」，十分可信。[12]

　　綠蒂八十年來的觀察，對此也頗有體會，如〈空間〉這首詩[13]，將他一生專注的焦點：詩，將他詩中最專注的空間：鄉，一舉點明，暗喻的就是他人生的領悟：一即一切的生命思維，一即一切的書寫模式。

　　第一段是萬與一、大與小的對比書寫：地上，流經無數的河；天上，看過無數的雲；卻只想念一個人、一首詩。這裡的一個人、一首詩，不用明確點出哪個人、哪首詩，佛典上用的是「一」，數字上的「一」，其後不接量詞、不接名詞，所以無限開放，可以是一滴淚、一粒花生、一棵小樹、一座山、一顆星球、一個念頭。

　　第二段承第一段而來，「一」到底何所指？「不大　簡約而不富裕／不多　卻不憂慮匱乏／陪伴有你是最高的幸福指數／著墨有詩才是最華美的空間」，踏實回應了第一段未講明的、讀者心中的暗疑。但是，這兩段所說的你與詩，真是一個人、一首詩嗎？詩的最撼人的地方在第三段，轉與合的迴身力勁，跳脫幅度，都在此處展開：

　　　海是一個大空間

---

12 星雲大師：《六祖壇經講話》（1），高雄：佛光文化，2020，頁176。

13 綠蒂：〈空間〉，《十八・八十》，頁 92-93。

> 天是一個大空間
> 故里微溫的小小山丘
> 有風砂定格鄉愁的圖紋
> 是比海天更廣袤的空間

　　海是一個大空間，她承接第一段「流經無數的河」，河的最後歸宿就是「海」啊！天是一個大空間，因為無數的雲都在天的懷抱裡飄移，海、天者，雲、河最後的歸依。而渺小的我，最後的歸依不也應該是「有風砂定格鄉愁的圖紋」、「故里微溫的小小山丘」？這樣的暗線聯結就是詩的聯結，海天大空間與故里小山丘的對比就是詩的對比，若是，一切與一的對比與聯結，生活裡的日常與詩的書寫完成，都在這短短的十三行詩中實踐了！

四、對比錯接的因果互動

　　一九九八年四月綠蒂在北京出版《沉澱的潮聲》（北京：中國文聯出版社），二〇〇〇年一月以此書為客體，在北京舉辦「綠蒂作品研討會」，相關論文則收錄在四月由秋水詩刊社發行的新詩集《風的捕手》。其中，古繼堂（1936- ）發表〈反差和錯位中爆出的詩情 —— 讀綠蒂詩集《沉澱的潮聲》〉最有見地，指出綠蒂的詩常以兩極對立的方式作為互動的最大引力，依其觀察，可以歸納為四大類型：「動靜兩極」、「內外兩極」、「起落兩極」、「上下兩極」，造就綠蒂詩作「唯美中有一種深沉；華麗中有一種古樸；清新中有一種典雅；哀傷中有一種希冀。」[14] 這種兩極的觀察是正確的，結果（唯美中有深沉，華麗中有古樸，清新中有典雅，哀傷中有希冀）也是美好的，只是「起落兩極」與「上下兩極」，其意相同，可以只存其一，如此，「內外兩極」與「上下兩極」表現靜態的互動，「動靜兩極」則可以增加「因果兩極」作為動態的互補，二靜、二動的對比錯接、因果互動，可以形成詩的張力。

譬如上一節所討論的〈空間〉這首詩，第三段的天與海是上下的對比，天、海與故里山丘是大與小的對比，但「故里微溫的小小山丘是比海天更廣袤的空間」，卻是一種對比錯接，有著因果互動，詩的張力因此產生。這是現代詩的創作技巧，綠蒂應用得相當嫻熟。

另舉一首〈形狀〉[15] 作為「因果」來回滾動的依據。

「枝椏因秋／長成風的形狀」：枝椏因秋，長成風的形狀，還是枝椏因風長成秋的形狀？如此對比錯接，讀者可以擴大思考因與果如何互動。

「煤塊黑亮／為燃燒出火焰的顏色」：黑亮與火焰，兩極對比，但因果關係真的存在嗎？詩人將因果關係拉出，讀者就有了一大片思考的空間。

「殘荷垂落的手勢／凋萎了一池夏天」：殘荷垂落是因？夏天凋萎是果？還是夏天將盡，造成綠荷已無力擎蓋的果？

詩意可以是明瞭的前因後果，未嘗不可以是因果的易地而

14　古繼堂：〈反差和錯位中爆出的詩情 —— 讀綠蒂詩集《沉澱的潮聲》〉，《乾坤詩刊》十七期（2001.1），頁 24-29。
15　綠蒂：〈形狀〉，《十八·八十》，頁 114-115。

處，甚至於倒果為因，往復來回，就如同太極圖的陰陽兩極、黑白滾動，互為主從。有趣的是，詩行最後，綠蒂虛化或否定「形色」，說它是具相，也是無相，頗有悟通《金剛經》：「凡所有相，皆是虛妄，若見諸相非相，則見如來」（第五品）之義。

　　當然，這一節也在呼應第二節「詩是人生江山的統領」，所以結束於「詩　在遠處靜靜地　禪坐／坐成一方孤寂」。

　　見諸相非相，是否也可以視為對比的錯接、因果的置換，「若見諸相非相，則見如來」，修行者見到如來，綠蒂有可能因此見到詩。

五、想望熱切的永恆動力

　　很多評者在討論綠蒂的寫作題材時，都會認真考量他的抒情與浪漫風格，因為所有作品中遊歷與鄉愁的篇章從未缺過、少過。《十八‧八十》中就出現了這些篇章〈雪原上的月光〉、〈山問〉、〈機上觀想〉、〈駝鈴〉、〈千年古寺〉、〈極光記遊〉，遠赴哈爾濱、蒙古、極地，因而有了鄉愁、有了寂寞。綠蒂這一生都在驛馬星動中，因為他心中一直有個熱切的想望，即使在八十高齡的詩篇裡，〈彼岸〉的想望依然勃勃而動：

> 鳥為何會飛
> 不因有翅膀
> 也不因有天空
> 只為有顆翱翔的心

動物性的飛翔，不是翅膀嚮往天空，而是因為「翱翔的心」。

> 雲為何漂泊
> 不因雲輕浮
> 也不因雲沒有故鄉
> 只因為有悠遊自在的夢想

雲霞的飛翔，不是輕浮、失鄉，而是因為「悠遊的夢想」。
　　以動物與天體的飛翔，襯托自己從未停泊，只因「愛」，只因「永有不能抵達的彼岸」：

> 我不斷地旅行
> 不因要隱藏自己
> 也不為偽裝過客的瀟灑
> 只因愛　永有不能抵達的彼岸[16]

　　這顆翱翔的心，有著悠遊的夢想；這顆翱翔的心，有著愛，有著永遠不能抵達的彼岸想望。所以，才有〈十八・八十〉整首詩、《十八・八十》整部詩集去紀錄「詩歌行旅的萬里雲月」「人生漂泊孤寂的印記」。[17]

六、結語：綠蔭新詩果・蒂結浪漫根

---

[16] 綠蒂：〈彼岸〉，《十八・八十》，頁 152-153。
[17] 綠蒂：〈十八・八十〉，《十八・八十》，頁 166-168。

　　有愛、有著永遠不能抵達彼岸的想望，這顆翱翔的心，是「十」字橫一為東西、豎｜為南北，中間交集的那一點。從這一點、這顆翱翔的心、這顆永遠嚮往彼岸的心，綠蒂走出他縱橫的人生，八面玲瓏的通衢大道。欣賞著自己綠蔭的新詩果那麼豐茂，蒂結的浪漫根那麼紮實。

　　「八」字則是背離、分馳的徵象，「八十年的路有愛　有哀傷／有榮耀　有挫敗」，走出相對比、相錯接，相對而更豐富的旅程。

　　結合這兩個數字的「十八・八十」，當然就有了回返的寓意，總有一天飛出去又飛回來，尋找自己的初心、自己的原鄉。

　　「十八・八十」當然也有一再往復的寓意，總有一天，依著自己的初心、傍著自己的原鄉，形體不再驛馬星動了，依舊以想像、以詩，飛馳南北東西，那是「十」字永遠展開的面向，

2021 年 5 月

穿透叢林的夕暉

孟　樊

　　《十八·八十》是已屆八十歲的綠蒂「回首八十詩路」新近出版的詩集，這也是他在台海兩岸所出版的第二十本詩集，可見其創作之豐沛，並不因其耄耋之齡而走下坡。打開詩集之前，顧名思義，誤以為此冊詩集是收集他從十八歲青春年少開始寫詩迄至如今八十歲鶴齡仍筆耕不輟已逾一甲子歲月所作之詩的精選集，俟翻閱之後，恍然始知這又是一冊新作。

　　其實，這本《十八·八十》與其說是一冊詩集不如說是兩本詩集，就像是書名所示，分界號的前半「十八」是一部，後半「八十」是另一部，但合而觀之，不論從前面看或後面讀起，都是同樣一部詩集「十八·八十」。進一步看，如從詩集的封面翻起，是直排的右翻書，自第一頁排至一八四頁，共收詩作五十八首──這可說是第一部詩集或前半部詩集；惟若自封底翻閱，則是橫排的左翻書，也是從第一頁排到一四三頁，共收詩作二十六首（其中有十一首同時收在前半部）──這可算是第二部詩集或後半部詩集。扣掉重複收錄的詩作十一首，全書合計收有七十三首作品。再進一步看，在左翻書部分，每一首詩作又各自衍生出英譯與法譯兩首詩作（由青峰翻譯），所以這後半部詩集其實收有含譯作在內的七十八首詩作，所以全書合共一二五首作品（七十三首原作加上五十二首譯作）。為因應這種特殊編排，本書若能設計成雙封面詩集，則可能更名副其實。

綠蒂一向寫的是成分極純的抒情詩（lyric），而抒情詩依霍斯坦（MichaelE.Holstein）所言，主要是對於情感（emotion）直接地表達，也就是英國詩人華茲華斯（WilliamWordsworth）所說的是一種「強烈情感的流溢」（anoverflowofpowerfulfeeling），詩人藉以抒發他在生活中所激發起來的感情，有時直抒胸臆，有時委婉含蓄。我們讀綠蒂的《十八・八十》可以發現，他的詩作泰半都是出自「日常的抒情」，例如〈安靜的海〉一詩，敘寫詩人佇足海濱，「足下的浪濤」引發他思人情懷，不意間透露了他孤寂的輕愁：「在披著星光的海岸／或是足痕凹陷的沙灘／我攜帶了一隻玻璃瓶子／來收集獨行的孤寂／話語安靜得只剩下文字／我的秋輕而淡／淡得只剩下落葉」，情感直洩一覽無遺；又如〈晨光素描〉一詩，速寫從天微亮所看到的街景以至於邊吃早餐邊閱報的情景，用筆宛如炭筆「素描」，抒發他當日「舒適的心情」。此詩借景抒情，情感較為婉約含蓄。

而我們也可以從上二詩得到綠蒂抒情詩一個概括的「抒情」輪廓：微微的愁思與靜定平淡的情緒。以言前詩，該詩如其他多數詩作一樣輕描淡寫詩人的愁思，而引發他思人情懷的時序則是在詩人偏愛的秋日，相較於冬、春、夏三季，秋天確實是一個較易引人多愁善感的季節，其他詩諸如〈秋分、坐看雲起〉、〈秋天與海〉、〈山城暮色〉、〈回憶或者編造〉、〈這一幅赤水瀑布〉、〈走進秋天〉……至少有十五首詩的場景都出現在令人感傷的秋日，而秋天所帶起的愁思，便微微的從其筆尖滲透出來。

再說後詩，如上所述，該詩因是借景抒情，所以情感的抒發顯得較為婉約，它也帶點敘事筆法（從屋外街景的變化寫到室內以晨報佐早餐的情況），然而以寫景、敘事來抒情，顯然非綠蒂所擅長 —— 或也應該這麼說，他喜歡讓「強烈情感自然的流溢」，而不想以拐彎抹角的方式來表達感情，因此以寫景或敘事來抒情的詩作，於他而言，確實比較少見。但不管是直抒胸臆或婉轉表達的抒情詩作，都可以發現他那靜定與平淡的情緒，就像〈安靜的海〉所言「淡得只剩下落葉」，而落葉只聞得到一丁點聲響。

這種不以敘事或寫景見長的抒情詩，在他不少的旅遊詩中更可以一目瞭然，諸如〈午與夜〉（寫普提雅/芭達雅海濱）、〈雪原上的月光〉（哈爾濱記遊）、〈山問〉（因特拉根旅宿）、〈駝鈴〉（沙漠旅行）、〈千年古寺〉（佛國寺重遊）、〈月光沙漠〉（沙漠旅行）……寫景不多，敘事更少，就像〈千年古寺〉末段所說：「沒有風景只有記憶/沒有哀傷只有歷史簌簌的回聲」，所謂「沒有風景只有記憶」，這是真心話；但說「沒有哀傷」，卻是言不由衷。事實上，這首詩相較於上述那些旅遊詩，已經對當時佛國寺之物（「大雄殿的釋迦佛已重度金裝/四大金剛依舊怒目鎮守廟門」）事（「眾人將祈願插入盛滿白灰的銅爐」）略有著墨，可如同末段所示，此種寫景敘事只是為了烘托秋日為詩人悄悄染上的哀傷，即便是淡淡的哀傷。

如果從中國詩學的角度觀之，綠蒂這種抒情詩就是「言志」之詩的典範，特別是這本出版於八十歲的詩集《十八・八十》。《毛詩序》說：「詩者，志之所之也，在心為志，發言為詩，情動於中而形於言。」旨不在敘事、寫實乃至批判的詩人，詩對於他而言，誠如其〈我詩故我在〉一詩所言：「是我情感的窗口」，這窗口不管是開或關，是他「情動於中而形於言」者。但此所謂言志之詩所言之「志」，並不只僅限於情感，而是包括思想、抱負、意願、志向等，就綠蒂的《十八・八十》來看，抒情可說是其詩之基調（mood），毋庸置疑，情感雖係其志之所出，但他所言之「志」更在表現其理想、抱負 —— 也可以說是其志向，誠如本書開宗明義第一首詩的題目所示「我詩，故我在」，在此，寫詩已成為詩人之所以存在的根由與目的，詩成了他的存在，而這已上昇到具有本體論（ontology）的意蘊了。

綜觀這本詩集，不啻是綠蒂對詩明志之剖白，如〈繩索或是容器〉所說，對他而言，「詩是繩索/於我不是束縛是界定/不是拘泥是準繩/不用於垂釣或糾纏/而用於救贖或攀升」，並且這所謂攀升不在汲釣名利，而是「為更接近陽光與天堂」。若果一生只寫一本書，那麼如他於〈一本書〉所言，這「一本書/只寫一首詩」。一本詩集一首詩，當然是反夸飾法（其實就是夸飾修辭），而這本等同於詩人「我」的詩集，即便「封面沾滿灰塵/擱淺在不起眼的二手書店」，仍期盼讀者「打開能見到盎然的綠色花蒂/也見到微波興浪的小舟」，詩人的自述明志，在此看來似乎並不怎麼起眼，其「宏願」只希望讀者「能見到盎然的綠色花蒂」與「微波興浪的小舟」，便能心滿意足。

對綠蒂來說，詩是他「存活的要素之一」，就「像陽光、空氣、水一樣」，在「歷經文字的雕琢裝飾」後，「仍見自然透澈的初心」（〈風寫的詩〉）；所以說，「詩＝存在」於他而言就有了本體論的意涵。綠蒂這些言志之詩，也可以說是「詩論詩」，如〈我詩故我在〉、〈詩的迷宮〉、〈風寫的詩〉、〈現代詩補習班〉、〈繩索或是容器〉……這些詩論詩一方面在表達他的詩觀，另一方面也是其自況之作，就像他於鶴齡所寫的〈星月迷航〉，以回首一生詩創作的口吻如此明志：

浮雲移月
風動花影
皆是詩心的飄盪
夢中尋找的美麗海洋
早已千帆過盡

經歷一次又一次的消失與背叛
我依然是詩國的信徒

最後孤寂的感傷
仍是最初的心境
如穿透叢林的夕暉
依然光亮而溫煦

　　這裡，綠蒂闡述了他對詩終身不悔、初心不變的詩觀，他那飄盪的詩心在夢中隨時在找尋美麗的海洋，不管創作歷程如何，他依然是「詩國的信徒」，最後雖不免也洩漏那孤寂感傷的心情，但如他所言，這八十年的回首「如穿透叢林的夕暉/依然光亮而溫煦」。

　　綠蒂這些言志之詩一貫出以他向來樸素的風格，老而彌堅。他並不以陌生化（defamiliarization）的手法、艱深繁複的意象取勝，就像他靜定的心境，平淡中不失韻味；而這些晚來的字句正如上詩最終所說「如穿透叢林的夕暉，依然光亮而溫煦」。

以詩意回歸初心

──綠蒂從《十八到八十》

墨　韻

　　2020.7.1收到普音出版，詩人綠蒂詩集《十八‧八十》，目錄、附錄一創作年表、附錄二英法詩譯。全書卷首有世界詩人大會主席楊允達序，及詩人簡短自序。

　　本人曾應邀約參加過漢城世界詩人大會、希臘、斯洛伐克、澳洲及台灣的場次。也曾去過北京、山東、澳門等場次。在文藝協會全盛時期參與寫作研習，看到理事長忙碌於協會的身影。也從詩人〈坐看風起時〉一首詩開始，陸陸續續收到理事長多種詩集，驚訝《十八‧八十》的時間流動。驚訝他數十年如一日的愛詩寫詩。一日為詩，一生寫詩，補足青春，解讀生命本質。

　　補白人生，預刻墓誌銘，是詩集裡讀到他令人驚聲的旁白。無論捕捉十八歲的青春，或八十因詩而不老，預祝他詩寫人生，風景無限。

一、詩與生命歷程

1.照亮過去

〈往事不如煙〉

> 「末班 918 望出去的台北街頭
> 猶如默片的黑白畫面
> 像長卷般緩緩地舒展
> 最後靜立成麥當勞門外的人形站牌
> 我隨無聲的光影
> 在變化在遷徙」　　(p24)

寫著詩人每天在歸途上的景象，那口車窗望出去風景裏，不僅顯影青澀的微笑，也屹立風雨如晦的人形站牌。如果說「青澀的微笑」是十八，「人形站牌」就是八十的疊影，詩意所至，筆墨所至，不難想像「往事並不如煙」也都往返在夜雨街道光亮介面中。

2.抉擇人生

〈晨光素描〉

> 「總以晨報佐餐
> 剔除戰火的硝煙味

與選舉的紛攘吵雜

在文學副刊上尋覓可細嚼

可品味可慢讀的文字」　　　（P31）

　　詩人是早起的，如一匹豹。因此他會看到「對面大樓忘熄的燈火」，他會在一大早就到辦公室，處理會務。並在晨光中，閱讀社會，沉澱世相，以副刊咀嚼慢讀文學，一天的起始生活，正是他一生的縮影。閱讀報紙的版面篩選，也是對文學園地的終生抉擇。「詩言志歌詠言聲依詠」若有人選擇了自己的志業，終生不渝，若非衷心所好，終有一天將離去，這麼多年，作者正將自己也成了書几案前忘熄的燈火。

3.歷程於愛與死之外

〈愛與死〉

「愛情與死亡

都是無法選擇的程式

且以文字將他精煉壓凝

化石為萬千年的不朽

月光與潮汐不停推移

白鳥展翅飛去無聲

凝望中優雅身影

卻未曾真正離去」　　　（p47）

　　就大部分人而言，愛情與死亡都是生命中重要議題。對作家來說，總想以著作方式納入一生的程式。而詩歌更是精練的語言，如何展翅，如何優雅，如何流連忘返，情景交融，寫作過程，甚於愛情本身，超乎死亡之外。生命過程連自己終將離去，文字卻是一生真正未曾離去的部分。

二、詮釋詩歌的性質作用

1.詩歌的性質

自然到底賦予詩歌什麼樣的特質，保留了什麼樣的空間？寫作又為什麼要閱讀世界，閱讀人文經典，體驗人生？我們看〈位置〉這篇：

〈位置〉

「宇宙仍稍稍為文字留點

　書寫的愛的位置

　以使大地恆有星光低垂的燦爛」　　　(p49)

宇宙的垂愛，包括為書寫，書寫的內容當然包括人世間至愛的內容，使得世界帶來星光低垂的燦爛。在人事已非處，在回憶淡忘處，留下位置，留下斑斕光景，寫作是為讀者留下一把足以發揮想像空間的椅子。把時間的碎片化為不竭不盡的生命之河。

2.寫作的定位

〈位置〉

「風生水起之後

只剩落日餘暉在復誦

那不是位置的位置

那已碎片化的風中傳奇」　　　（p52）

對作家來說，作者認為是上帝給自己一個「有景觀向陽的位置」，「撫慰思念的藥劑」無論事件的當下，無論愛情的起落，不管世界如何變化，生命如何消長，一把寫作的椅子，一張几案，筆耕墨耘，即使往事已碎片化，人物已不復記憶，文字已然為人生寫下傳奇。

3.解讀本質補白人生

作者一生寫作出版不輟，詩心為一生懸念，一首〈風寫的詩〉，看到他內心的蟬鳴水流透光的闊葉林。置身大自然，星光下，堅持寫作初心。

「恆如遠方暗夜天空的孤星

閃熠溫暖地指引

永不迷失回家的路

窮一生時光

仍編纂不成輝煌的巨著

> 只在人生漫長的卷軸
> 隨處補白」　　　　（p67）

另一首，〈雪原上的月光〉

> 「曠野長風裡
> 你的叮嚀與我的詩心　交會
> 皓白成雪原的月色
> 輕吟那曲早已遺忘的歌」　　（P56）

　　詩的作用，補足青春、解讀本質，隨處補白人生，作者恆願詩寫人生，補足青春，解讀詩的本質，也願一生在詩裡頻回首。詩的墓誌銘〈終章〉

> 「墓誌銘預刻：
> 以詩回歸原鄉的人
> 這是我選擇的人生版本」　　（104）

三、對詩歌創作經驗談

　　作者在篇章中，也常透露著對詩歌創作的經驗談，詩本身就是形文情文的寫照，節奏韻律當然不在話下是屬於聲文的部分。以下舉形文為例，說明作者所理解詩之樣貌：他在〈形狀〉一詩中。

1.外形

「形色是具象
也是無相

詩在遠處靜靜地　禪坐
坐成一方孤寂」　　　(p115)

　　以外形象安靜的方式結合禪意，敘說詩的有無形象，一種靜定的內質狀態。

2.內義

　　另一首以捕捉內容，情文的方式展開經驗談：

〈一首詩〉

「是一顆星
照亮闇黑蒼穹的北極
是常駐你心的溫暖指引

是愛的小語
無償給付
可以風乾　可以窖藏
還有永不腐朽的保鮮期

是深秋的港灣

華登輝耀
海鷗滿天
是可避風　可棲息的異鄉

是一片落葉
從蛀蟲的脈絡中
依然可見秋的顏色

在向晚暮色中回首再回首
始知從未真正離開過的
是那首詩」　　　　(p143)

　　由「溫暖指引」「不腐朽的保鮮」「可棲息的異鄉」都是內容的理解與投注。「未曾離過的」，顯示其與生活生命繫連的緊密度與永恆性。

隱藏在詩裡的歲月風華

── 賞析綠蒂〈十八到八十〉，兼談《十八‧八十》

林　廣

〈十八到八十〉

不只是兩個顛倒的數字
是歲月沙漏點滴的消逝
是迎風青少到垂暮鬢白
是詩歌行旅的萬里雲月
是人生漂泊孤寂的印記

夢中，天主曾問
願否以八十換回十八
消除如今擁有的一切與記憶

以另一個無知的零重新起程
沉思後的否定
八十年的路有愛　有哀傷
有榮耀　有挫敗
皆是真摯的心路歷程

不知未來的詩路還有多長
我詩心在浩瀚大海中
已獨坐成遺世的孤島
風中的城堡在酷熱沙漠裡
只剩下傾圮的斷垣
屹立不倒的　仍是堅持的初心

寂寞的花　永遠落在寂寞的土裡
十八與八十均是短暫的時光過客
不遺憾流星滑落
不嘆喟長日將盡
只為仰望過
滿天璀璨星辰，隨時都在

【賞析】

讀這首詩，有很深的感觸。觸動我的，不只是時間的威逼，更是作者對新詩創作的堅持。

詩人綠蒂在自序裡提到：「堅持以愛為名的創作初心，堅持自以為是的詩歌美學。……十八或八十都是短暫的時間過客。」這說起來簡單，要做到可真不容易。當我們單提十八或八十，代表的是青春與暮年；然而當兩者結合，「十八到八十」，立刻給人時間驟逝，青絲忽焉變成白髮的錯覺。恍惚間，一甲子的歲月，就在起起落落詩的波濤裡消逝了。堅持以愛為創作的初心，如果不是內心恆存對詩的戀慕與敬意，又如何做得到呢？

席慕蓉曾在〈初心〉一文如是寫道：「我一直相信，生命的本相，不在表層，而是在極深極深的內裡。它不常顯露，是很難用語言文字去清楚形容的質素，我們只能偶爾透過直覺去感知它的存在，像是從靈魂深處隱約傳來的呼喚。」我深信，對綠蒂來說，「愛」就是來自他靈魂深處的召喚。因此他以詩為繩索，卻「不為攀登名利，只為攀升更接近陽光與天空。」因此，他的心因詩而平安，而「所謂平安，就是平凡與安靜，構築美好的詩生活。」

了解這一點，才能進入他的詩，感受他對愛的堅持。

〈十八到八十〉分為四節。第一節對十八與八十這兩個數字，做了另類的詮釋。從「不只是兩個顛倒的數字」開端，後四句皆以「是」領頭，類疊出他對歲月消逝的悲慨，也含藏以詩做為人生印記的慧悟。作者刻意以齊整的句子，一層一層堆疊出他的心情。前兩句著重在時間：「歲月沙漏點滴的消逝」、「迎風青少到垂暮鬢白」，就是十八到八十的時間軌跡。而「萬里雲月」與「孤寂印記」，則是以詩紀錄漂泊人生的履痕。

　　進一步分析，首句寫慢，次句寫快。「歲月沙漏」屬於略喻，省略了喻詞（如），意象的連結更加緊密，也凸顯出「點滴」消逝的緩慢與不知不覺。然而，一點一滴漏下看似緩慢，忽然「迎風青少」已「垂暮鬢白」。這不禁讓我聯想到李白的〈將進酒〉：「**君不見高堂明鏡悲白髮，朝如青絲暮成雪**」，彷彿僅僅一彈指，光陰就從指隙間溜走了。還好因為有詩，這一段行旅，就有了「萬里雲月」的寬闊氣象；並將孤寂的漂泊，藉詩一一鈐印。

　　第二節將筆勢盪開，以「夢中」天主的問話發端：「**願否以八十換回十八**」。這問題普遍的回答，應該都是願意。但天主也提出了條件：必須「**消除如今擁有的一切與記憶／以另一個無知的零重新起程**」。即使這樣，也沒什麼不好。然而作者在深思之後，拒絕了。他割捨不下，八十年來的「愛」、「哀傷」、「榮耀」與「挫敗」。對他而言，這些都是「真摯的心路歷程」，所以他不願以鬢白換青絲。

　　表面上，這一段寫的比較淺白；然則通過這樣的對話，我們卻更能領會作者對生命的堅持。愛與詩，就佔據了他生命所有的面積，他怎能拿這些去交換「無知」的青少呢？再重來，誰知道「愛」還在不在？「詩」還在不在？這是詩人始終如一的堅持，也是他所選擇的人生版本，沒有任何東西能替換。難怪他在預刻的墓誌銘寫道：「**我愛故我思／我詩故我在**」。詩人的心跡，一直沒變。

　　第三節當詩人設想自己「**未來的詩路還有多長**」時，他浮現了深沉的孤寂感。這時他用「獨坐成遺世的孤島」這個意象來表達心跡，並藉著孤島→城堡→斷垣，由大而小的延伸，來抒發自己在浩瀚詩海中的渺小與孤獨，甚至挫敗。即便如此，始終「屹立不倒的　仍是堅持的初心」。只要有愛和詩，他的生命就有存在的意義。他也知道，要探索詩的奧義，必須經歷一場漫長的跋涉，但那又何妨？在〈詩的迷宮〉裡，他說：「風起風落都是過程／行旅沒有疲憊與終站／明知一場電影是虛設／卻感動依然」。有趣的是：即使是他自己營造的迷宮，卻一樣沒有出口與答案。從這樣的陳述，可以了解作者從不以為自己能真正找到詩；因為詩的面貌不斷在變動，吸引他不斷往前追尋，所以他的探索也永不止息。

　　第四節一開始寫道：「寂寞的花　永遠落在寂寞的土裡」，詩就是寂寞開出來的花朵，只會落在寂寞的心靈。詩這條旅途，永遠只能寂寞獨行。因此他認為：「十八與八十均是短暫的時光過客」。重要的是在過程中，留下了什麼？是以他「不遺憾流星滑落／不嘆喟長日將盡」。在「流星」裡滑落的，是不羈的青春；即將隨「長日」沉落的，是垂暮的鬢白。然而，作者卻不遺憾也不喟嘆，「只為仰望過／滿天璀璨星辰，隨時都在」！活過，愛過，詩過，對詩人來說，這已經是人生的圓滿。

　　在〈愛與死〉中，詩人如是說：「愛情與死亡／都是無法選擇的程式／且以文字將它精煉壓凝／化石為萬千年的不朽」。只要詩活著，愛與死也會用某種型態永遠存在。作者在人生行旅中，不斷在選擇適合自己的位置。但不是表演的道具，而是能容納「自我想像的空間」。他不斷的向自己的位置告別，就是要找到最適合自己的位置。在〈終章〉末段提及：「以詩回歸原鄉的人／這是我選擇的人生版本」。

我非常喜歡〈十八到八十〉結尾：「只為仰望過／滿天璀璨星辰，隨時都在」。這一句道出所有寫詩人的初衷。重要的從來不在於是否能攀登詩的極峰，而是一種虔誠而熱切的「仰望」。仰望，是對詩的渴望與期盼。作者在〈愛的問卷〉說：「天空仍是天空／雲仍是雲／最深層的夢／最不須甦醒時刻」，就這樣一直仰望下去，不須甦醒，因為寫詩就是在最深沉的夢中……

在詩人筆下，詩總是幻化千姿百態。在〈我詩故我在〉中，詩就呈現了十三種不同的風貌。有時是「湖畔低垂拂面的楊柳」；有時是「彼岸閃爍召喚的燈火」；有時是「草原筆直騰升的炊煙」；有時是一則隱喻，「自行置入美麗與哀愁的文字迷宮」……而這些都鏤刻在他恆開啟也恆關閉的「情感窗口」上，成為生命的圖騰。

〈往事不如煙〉，起筆提到：「在烈焰中焚燬的／會在灰爐中尋回／為洶湧巨浪淹沒的／仍標記在漂木上」。這是作者面對生活的態度，烈焰與巨浪都無法摧毀他的意志，因為他的心裡恆存詩的星芒。「我隨無聲的光影／在變化在遷徙」，從這兩句詩，我竟感覺：青春其實並未消失，只是做了某種型態的遷徙。

如果有一天，我真的開了一家「現代詩補習班」，我一定借用同名詩作所寫的來做為廣告：

> 能停止時光的流動
> 將瞬間羽化為永恆
>
> 愛詩者不是路過
> 是預約繳費的課程
> 來傾聽詩的芬芳和意境的澎湃

　　現代人已經漸漸不喜作夢，不喜追詩。詩集滯銷是常態，一群人聚會不是談政治或股票而是在談詩，會被當作傻子。在這時代，寫詩其實是孤獨的行吟者。詩人常以孤寂來為詩定形。〈形狀〉裡寫道：「詩在遠處靜靜地禪坐／坐成一方孤寂」。孤寂，就是詩的形狀；但孤寂不等於消極，而是心靈凝聚於某一點的狀態。〈答語〉：「我對人生／詩是最美好的答語與展示／讓我處於孤寂而享受孤寂」，也因為孤寂，他才能「成就人生美麗的段落」。這是多麼美好的事！

　　對愛與詩的執著與追尋，詩人綠蒂《十八・八十》這本詩集，就是以此為基調寫成的。誠如他所說的：「夢想一直存在就是真實／詩是最先醒來的晨光」，能夠作夢、寫詩，就是一種幸福。我在「最先醒來的晨光」中，讀到了詩人的天真與堅持，也看見了流轉在歲月裡的風華。但願有一天我寫的詩，也能因為愛的初心，燒出火焰的顏色！

詩藝高峰風華葳蕤

落　蒂

　　我在一九六一年七月的時候，在台南認識綠蒂，那時他已在前一年出版處女詩集《藍星》，並且擔任中國青年詩人聯誼會的總幹事。隨即從渼手中接下《野風》文藝月刊，風風火火的從事藝文活動，如同楊允達在《十八·八十》詩集序中所言：

　　「在台灣詩壇，綠蒂是一位享譽世界詩壇的資深詩人，也是一位能文能武的詩人。在文的方面，他十五歲時即開始寫詩，在國內詩刊發表詩作，早年主編《野風》、《野火》、《秋水》詩刊、《中國新詩選》、《中華新詩選》；著有詩集《藍星》、《綠色的塑像》、《風與城》、《雲上之梯》、《泊岸》、《坐看風起時》、《風華四季》；在武的方面，他擔任中國文藝協會理事長、中華民國新詩學會理事長、世界藝術文化學院副秘書長、世界詩人大會副主席，勝任愉快之餘，創辦詩社、籌開世界詩人大會、多次代表我國出席歷屆世界詩人大會，足跡遍及亞、美、歐、非、澳各州。近年來，他又曾多次組團訪問中國大陸，並邀請中國大陸詩人來台，開創兩岸詩歌交流，有卓越貢獻」。

　　楊允達同時細數綠蒂對世界詩人大會之貢獻，說他是台灣唯一從第一次世界詩人大會在菲律賓首都馬尼拉舉辦時即參加的詩人，且在台北主辦第十五屆世界詩人大會，有來自全球四十多個國家的四百多位詩人參加，場面盛大，榮獲教育部、外交部、文建會和聯合的資助，成功的讓世界詩人看見台灣之美。第二十三屆仍由他在台北舉辦，由宗教家詩人愚溪博士鼎力贊助，仍然有來自全球二十六個國家三百五十位詩人參加，國內重要著名詩人有余光中、洛夫、鄭愁予多人及瑞典諾貝爾文學獎評審委員馬悅然應邀出席，並分別演講及朗誦詩作，獲得各界好評。

　　由於文武方面均有重大貢獻成就，綠蒂從年輕至今已八十高齡獲獎無數，較重要的有中山文藝創作獎，獲頒「國際桂冠詩人」，榮譽中國文藝獎章「文學詩歌獎」等不勝枚舉。楊允達在佩服之餘，詳讀綠蒂近年詩作，為他的新詩集寫序時，讚美綠蒂詩作「意境創新，金句不絕，用字遣詞意境幽雅。表現手法也很多很超現實，有許多詩句很瀟灑，夠浪漫，可圈可點。有些詩給讀者淒美之感，有些則手法新奇，讀後韻味無窮。有些則歷經人事滄桑，看穿榮華富貴，顯示出了悟人生哲理，以澹泊的心胸，瀟灑的人生觀展現在詩作中，讓楊允達大大的為詩人綠蒂鼓掌。」

　　在詩國度既辦文藝界的行政工作，又能在忙綠之餘寫詩，十分不易，經過了長長的一甲子，也累積了很多好作品，不朽的作品。如今他出版這本《十八‧八十》的詩集，在詩集的序中謙虛的說：「不敢奢言成就，只堅持以愛為名的創作初心和自己的詩歌美學。」他更在序文中表達自己因為詩而生活悠遊自在，書寫海闊天空。他更說他的詩心已在浩瀚的大海中獨坐成遺世的孤島，詩的溫暖讓他安渡雪原冰山的冷酷，詩的安寧更讓他無懼穿越死亡的幽谷。他自己更擬好了將來走後的墓誌銘：「我愛　故我思／我詩　故我在。」真是一本為一甲子寫作的定音詩集。

我認識綠蒂，與他交遊超過半世紀，接近一甲子，受他詩作的啟發甚多，華文詩人中大概是少數幾位我遍讀全部著作的詩人，只要發現他發表一首詩，或寄來一本新出的作品，總是先睹為要。在我的報刊雜誌賞析專欄中分析介紹的也以他的詩為最多，他的詩總能給我許多美感，許多體悟，許多共鳴。

綠蒂出道甚早，一九五九年考入淡江大學化學系，因對文學的熱愛即轉到中文系，並擔任中國青年寫作協會常務理事，次年就出版詩集《藍星》，獲選中國青年詩人聯誼會總幹事，從此一生遂和詩與文學結下不解之緣。六十年的時光，不論風雨陰晴，他都沉浸在詩文學創作與活動中，就我所知中外詩人能從第一屆世界詩人大會到現在為止，屆歷都參加的除了他外，我不知道還有誰。古人說讀萬卷書行萬里路，他何止行萬里？這樣的豐富人生旅程，寫出來的詩文，一定大有可觀，即是受我喜愛的最大原因。

他出身雲林北港，父親是儒醫詩人，主持一個私塾叫「尚修書房」，在當地是有名的文化人王東燁先生。在這樣身教言教的耳濡目染下，綠蒂十五歲就開始寫詩了，台灣先行年代的詩人如鄭愁予很多人都與他有深交，為人又隨和親切，所以不論辦任何活動，創辦詩刊，成立新詩學會都受到眾多支持而順利成功。

因此從收到這本八十歲的特殊詩集，內心非常興奮，充滿喜悅和祝福。馬上開始閱讀，一首首似曾相似的好詩，都一起來到面前，陪我靜靜的品茶，渡過我也年近八十的黃昏時光。

由於工作的關係，我在北港居住了近三十年，生活年代雖然不同，但從他的詩中，往往讀到自己思潮洶湧的心事，有時也偶而被他的詩捏了一下，擰了一下，那不也是我的心事嗎？到這種年齡，已經過盡千帆皆不是，還有什麼美麗的浪花？《我詩　故我在》他的這首詩，正寫出了我多年來的複雜心事，彷彿也一樣渡過人生的悲辛。現在我不也只剩「我詩　故我在」嗎？是呀！是詩使我「處於孤寂而享受孤寂」，別人還有三十功名，而我除了孤寂外，有什麼功名？只剩荒蕪的塵與土，只剩八千里路孤寂的雲和月了。真的，「是詩的溫暖　讓我安渡雪原冰山的酷冷」，多麼深深擊中我的心窩，如同那早已紛灑在海邊的無涯哀愁。

再讀《往事不如煙》乙首，則顯示老來心境的鋪陳，相當程度的用穩定的旋律，抒發一己的情感抑揚頓挫，有一種圓熟老練的沉澱。從第一段就可以讀出綠蒂一直在生命回音的宇宙密碼，那就是「在烈日中焚毀的，會在灰燼中尋回」，是浴火重生嗎？是成為火浴的鳳凰嗎？值得深思。尤其本詩末段「夜雨悄悄地浸濕了風景／浸濕成一抹光亮的界面／在歸途上」，可是想到後來，詩人如「夜雨悄悄地浸濕了風景」，那一直展翅尋找燈塔光明的鷗鳥，也只能讓「浸濕成一抹光亮的界面／在歸途上」，自己飛行如鷗鳥的一生尋詩歷，竟然成了如此淚濕茫然的意象，那藏在大海深處的秘密也只能如此詩「往事不如煙」，讓讀者自己去尋找那意象的隱約暗示了。

讀綠蒂的詩，彷彿隨著他的詩作觀賞風景，體悟時間季節的變化，傾聽他心靈的音樂演奏。我們隨著他看山看水看雲，並且表達他的人生觀、詩觀。如「看山／山也看我／見山是山／或不是山／我恆是沉默　堅定而屹立／任愚公也無法位移」，不論山的自在或雲的飄逸，他的心情也是。尤其人生的態度，他自承「堅持自以為是的詩歌美學。」他不以文字競技標新立異，以奇怪聳動的詩，耍炫耍酷，他一甲子以來始終溫柔敦厚的寫著，很多人勸他要隨著風潮主義而登上主流，他用他的詩表示「任愚公也無法位移」，他有自己獨特的清新，耐讀耐品的詩質。所以他寫「望雲／雲亦望我／是雲動或是月移／是風飄還是心動／我恆是悠然　自在而清雅／不管天際陰晴圓缺」，所以不論外界如何喧囂，他態度十分悠然而清雅。我們當然也能悠然而清雅的讀他的詩。

在他的詩中，可以讀到許多禪悟的詩句，詩境與禪悟聯繫得十分有機，十分巧妙的詩句，例如「讀詩／詩也讀我／每條河　每顆星／都可以流浪／每條河　每顆星／都可以回鄉／只要風起時」，一個數十年因戰亂離家的老人，讀到後拍案叫絕：「是呀！終於風起了！」夢中的山，夢中的星球，回鄉了，流浪了，不動如山，沉靜如河，遙遠如星都動起來了。所以宋代嚴羽在《滄浪詩語》中說：「大抵禪道唯在妙悟，詩道亦在妙悟。」蘇東坡詩中表示「八方吹不動」，但是佛印竟能把他「一屁打過江」，禪機處處，妙悟就在這裡。綠蒂心中，潛意識裡有純粹心靈感悟所產生的空靈境界，所以詩中自然有禪道佛理中所有的「實相無相的境界」。這樣的境界，所有詩作感悟就會進入禪境，所以嚴羽才會說「詩道貴在妙悟。」，綠蒂出身父親是儒醫詩人的家庭，其詩頗含詩道亦在不言中了。

　　走過時間的長長沙灘，綠蒂以詩讓黑白琴鍵拍擊人生的堤岸。終於聽到生命的回音，盼望一切生老病死，戰爭混亂，愛情的困擾都到此休止，1 如他的詩句「一個人／一杯冰茶／一只風浪板／一海清澈湛藍／一處無人的沙灘／一冊被風翻閱的書／一個無所事事的午後」，是的，已到無所事事的午後，還爭執些什麼呢？數十年來，時間把一切自己擁有的都擊碎，也就是所謂的「空」，存在主義的「虛無」，如果想不開而心裡中毒，最後憂鬱自殺者會越來越多，許多文學藝術界的天才自殺早夭，即受到「死亡」「空無」的哲學影響，我們先能看清這一切，一個人獨飲的下午，多美好？甚至連夜晚也美好起來，如綠蒂的詩句：「一顆星／一掬花香／一抹夕陽紅／一彎上弦月色／一盅藍色夏威夷／一街河岸華燈初上／一夜神秘浪漫的微醺」，是呀！多夜美好的微醺夜晚。

　　對一個已經寫詩一甲子，從第一屆世界詩人大會就參與推動討論分享"的詩人，又已經有多種獎項榮譽肯定，我們讀他八十歲結集的智慧結晶，受益無窮，願與所有朋友分享他的成就，我豐盛的收穫。

綠蒂詩歌的藝術成就論

林明理

一、閃著幽雅光彩的《四季風華》

　　詩集《四季風華》是作者一生詩情的精彩回顧與心靈的記錄，共收 143 首詩。在第一卷《春天記事》裡，作者把在中國大陸、臺灣旅遊的吉光片羽、歐美記遊的真切感受，在詩中生動地展現出來，難得的是，詩中所流露的為癡心寫詩而獻身的精神。當然，令人最受感動的乃是詩人寫家鄉、寫惦記的那些場景與細節，如《返鄉》、《野晏》、《聯想》、《好久不見》等詩作。這些都給人以精神上強烈感染和情感共鳴。

（一）詩情創造的禪思境界

　　從藝術上看，《春天記事》裡的詩作，最鮮明的審美傾向，是詩情 ── 浪漫想像 ── 禪思的完美結合。綠蒂的可貴之處，恰恰在於：他駕馭語言的非凡功夫和能力，既能滿懷深情去揭示世間物換星移的感慨，又能充滿無限的信心地去迎接每一黎明的到來而引吭高歌。比如，在〈和南寺鐘聲〉〉一詩中，既寄託著一種思念與期待，又寫得唯美而富有禪思：

　　蟬聲與禪聲
　　鳥語與誦音
　　混凝成野百合清香的午後
　　寺院飛簷掩映天際的湛藍

　　立在這方高高的淨土
　　是心離天空最近的地方
　　是意境最遼闊的清晰視野
　　黃昏款款走近
　　秋意悄悄襲來
　　披上金色夕陽的海
　　遠眺成變幻多端的色相

　　暮鼓的節奏
　　擂動追夢的心思
　　晚鐘的迴盪
　　喚醒孤寂的無常
　　山風簌簌垂落的
　　是遠方鄉愁的聲音
　　回首的暮色
　　流淌在遠處
　　模糊又清晰地

　　逐漸亮起夜初的燈暉
　　將往事拓印成典雅的紋路
　　風隨鐘聲夜泊
　　於和南寺美麗的清寂

　　這裡，有許多細節描繪，讓人讀之猶如置身其中。開頭的「蟬聲與禪聲」渲染了山寺中肅穆靜謐的氣氛，而最後暮鼓晚鐘的叫醒，又給人在聽覺上造成一種舒緩縈迴的旋律感。看來作者對愚溪先生所建立的和南寺所展開的豐富藝術想像，不僅能生發出一種博大莊嚴之情，而且在品讀之際可觸可感。

（二）詩中的繪畫美與音樂美

　　《四季風華》中特有的繪畫美也使詩作增色不少。這可能與詩人的生活環境緊密相關。綠蒂生於雲林縣北港的小鎮上，從小聰慧過人；常跟著教授私塾的父親飽讀古書、學下棋、猜謎題，深受薰陶。在無形之中培養了詩人神奇而大膽的藝術想像、靈動的聽覺及敏銳的視覺感染力。在他的多數詩篇中，喜愛把那些色彩感極強的語彙調遣到詩筆下，從而創造出大自然多彩的畫面與某種超塵的境地。有的清麗如水，有的樸實如玉，有的幽靜而清謐，有的淒美如夕顏。綠蒂總是力爭上游，把自己擺渡成一個文學人或思想者。他的詩常以「自然」為主題，能把自己胸中的不同感受，盡情地用其多彩的詩筆表現出來。如書中第二卷《夏日山城》的〈觀海〉一詩，詩人是這樣描繪的：

　　望海的孩子

瞭解千年珊瑚的手語
聽懂海豚歡唱的音符
卻無法分辨歸人與過客
在眾人紛沓重複的足痕
滿風的濤聲宣讀
蒼茫無聲的自語

反復的潮汐
吹響貝殼記憶的風洞
傳遞預言與故事的神話
卻無法複製曾經的滄海
往前推湧的後浪
觸岩拍岸的瞬間
盪起似曾相識的水花

煙雲飄忽而健忘
不斷消失
不斷升起
他又將我帶回去歲的納風亭上
觀海

　　詩中的音韻活潑，已跳脫浪漫詩的程式常規。顯然，詩人充分調動起視、觸、聽的多種感覺，描繪了觀海的優美情境。整首詩似乎是由繪畫美生發出的一種意境美，旨在通過觀海的描景記事，引申到詩人對美好事物易逝的悵然之情，以此構成為淡遠而異常恬靜的詩意空間，即一種藝術境界，從而完成了詩美的藝術創造。

（三）感情深藏於詩行的形式美

綠蒂在詩美的追求上，其特質在於凝練、含蓄的詩語表達中，透出極為深沉、專注的感情。確切地說，伴隨著詩集《四季風華》的閱讀過程，我們隱約可見，詩人感情的大門始終是打開的。其思想感情裡，除了具有濃郁的詩味和盎然的情趣外，還具有藝術特色的形式美。試看第三卷《秋光雲影》裡的這首〈四個背影〉：

有四個背影
從未走出我視線的遠方

父親的背影
微微佝僂諄諄叮嚀
交付我一生筆墨的負荷

愛妻的背影
恬靜優雅長髮飄逸
毋須面對也能洞悉眼神的關愛

詩人的背影
扶杖前行猶如先知
讓我孤寂獨處而不感孤獨

> 無法定義的背影
> 在不可觸及的懸崖高處
> 瞬間闖入而永恆封印於詩的深層
>
> 背影遠去對我告別
> 消隱在前方的光輝或陰暗
> 從未期待它驀然回首的牽引
> 也從未真正地讓它離我遠去

　　這是詩人寫自己對親友的愛，他把感情濃縮進深處埋藏，並滲入到一個獨特的藝術境地。掩卷之後，雖使人感傷，但詩的藝術感染力也隨之增強。從作者表達的思想感情講，詩人運用的是暗示手法，但給人心靈的搖撼卻是難禁的。如果說大學時代，綠蒂就展現出橫溢的詩歌才情，詩句多純摯；那麼其後期的詩，則主張形式完美、文字純淨，有極端的溫柔，卻總能不落俗套。

（四）形象描繪的巧思與多種修辭手段的運用

　　綠蒂在詩歌語言上最突出的特色，是他對形象描繪的巧思與多種修辭手段的運用。他在自序裡曾希望，以「春天記事」、「夏日山城」、「秋光雲影」到「冬雪冰清」這四部曲來精裝其生命裡的「四季風華」，存檔為「詩美學」的永恆風景。〈註1〉由此而知，他善於講求用比喻，總是能將抽象的概念加以形體化。其晚年的詩，成熟的思想與細膩的感覺，更加重了詩的思辯性。

如第四卷裡的詩作〈六十五歲的城堡〉，詩人對世界的理解和感
悟已進入一種深度，並表現在他所創造的形象的明確度上：

　　　　鴿影散落在城堡的暮靄
　　　　城垣的色調漸次灰暗下來
　　　　記憶的故居迤邐了黃昏的身影
　　　　梧桐葉落滿地
　　　　因風乾而縮縐的往事
　　　　模糊了眼前裝飾的繁華

　　　　半價的機票與車票
　　　　伯伯的尊稱與讓座
　　　　搜尋懷舊的老店在琳瑯滿目的市招中
　　　　猶如現實畫布上開始剝落的粉彩
　　　　不適合群居的人，即使
　　　　再多相識與不識的

　　　　聚光燈
　　　　明了又暗，攏了又散
　　　　獨自吟唱的
　　　　還是心中的那首歌
　　　　在鐘樓的高處眺望
　　　　山的蔥鬱海的浩瀚
　　　　我的六十五歲就圍困成一座小小孤城
　　　　芝麻與綠豆閒散為必需的囤糧

　　灰白的鬢色是嚴肅的衛士
　　閱讀與書寫築成寂靜的護城河

　　看得出，詩人通過形象的描繪，把自己晚年仍喜愛閱讀與書寫的影像，做出恰切而又生動的比喻。其高明處，乃是詩人能以冷靜的筆調、寫出心理的靈敏反應與嚮往佛學的內省，禁不住引人深思。由此可見，詩人綠蒂總是自覺地把自己的詩當作一件造型幽雅的藝術品去雕塑，並以此折射自己的心靈之光。

二、淡雅、幽靜的藝術風格

　　多年來，對綠蒂詩歌的藝術風格，曾有多種評論，但最確切的恐怕是「淡雅、幽靜」四字。記得北魏祖瑩曾說：「文章當自出機杼，成一家風骨，不可寄人籬下。」〈註2〉這說的應是，風格獨創的重要性。或許，這正是他的這種藝術風格形成的主客觀原因。誠然，詩人從單純的童年到古稀之年，生命中曾有過複雜曲折的經歷以及眾多美麗或哀傷的過程，社會現實帶給他的苦悶與痛處，使得詩人在感情上形成比較細膩而溫婉的性格。但更重要的，還是他在五十多年的生涯中對詩的珍愛從未停止過。對此，詩人曾介紹自己寫詩的心境與旅程，從北港小鎮到臺北，從故鄉的磚砌小屋到十五層上的公寓，再到客居新店小屋，詩人以精美而簡練的語言去捕捉每一次心靈的悸動與最美麗的聲音。因而，綠蒂的詩才具備了自己的深沉思想、豐沛感情與詩意性格。

　　迄今，綠蒂的抒情詩仍受到廣大讀者的喜愛。究其原因，首要一點，正是他的詩作中所抒發的細膩感人的真情和創作時對追求美感與純粹的堅持，以及強調藝術化的結構與音韻，因而常能激起讀者情感的共鳴。他的詩篇包含著自己的孤獨、情愛、心靈、生存際遇、痛苦與歡欣，且深具禪思。綠蒂也是一位以詩為生命的詩人，能忠於生命又追求簡靜的生活。在他的詩歌裡，有著詩人自知的別一個世界的哀愁，也有詩人自知的喜悅與沉痛的鮮明。詩人也是風的捕手，他常把自己柔軟的心窩緊貼著孤寂的星空，卻不住地唱著等待星光溫柔的投遞與放眼遼闊的蒼茫。作為一名詩人，他的痛苦與快樂，其實是渾成一體的；作為一個歌者，他把自己的感情透過柔美流利的抒情語調，如同喜愛馳騁想像的一隻癡鳥。

三、綠蒂：詩美的精湛創造和對華文界
新詩發展的開拓者

　　在臺灣，投身於新詩園地耕耘最長久、對華文詩界及推動世界詩人大會交流貢獻良多者，屈指可數。綠蒂在詩界可說是始終不懈怠的領航人物。他雖貌似平凡、身形不高，卻有錚錚硬骨，從不向苦難和貧困低頭；行事不卑不亢，個性溫和是其慣有的作風。他熱愛鄉土及人民，也愛大自然，且悲憫於社會中的弱小者。晚年仍繼續寫詩，並致力於促進兩岸大型文藝聯展及學術界聯誼活動，甚獲好評。不妨欣賞他的那首〈漂流之歌〉的末兩段：

> 在不同的河道與海域
> 你我的歲月奔流不歇
> 載浮載沉的
> 不管是泡沫或漂木
> 相隔的不只是風浪與黑夜
> 交會成為永遠的等待
>
> 燈塔與星辰一樣是遙遠處
> 稀微的光源與救贖
> 所有的流動是同一首歌
> 在漂流中定居
> 也在定居中漂流

　　在詩中，詩人不同於某些浪漫主義詩人的直抒胸懷，而是具有深刻的思想，又能抓住漂流是詩人孤獨的本質；這恰恰是他痛苦而又豐富的人生感慨。在個人情感的表達上，綠蒂也很少直露淺白的敘說，而是借助於形象曲折地抒發。從這幾個側面，就可知詩人在詩歌語言上的一番用心了。對他而言，寫詩是神聖的使命；其中涵蘊的溫柔、豐盛或憂傷，常能深入人心，而又別具魅力。

　　值得一提的是，綠蒂曾於 1994 年擔任臺北舉行的第十五屆世界詩人大會會長，2003 年第二十三屆世界詩人大會會長；2010年世界詩人大會獲頒「桂冠詩人」，2010 年在台灣獲頒「中國榮譽文藝獎章」，並榮獲香港廣大學院文學博士、日本東京創價大學最高榮譽獎等殊榮。

　　應該說，詩人綠蒂是秋夜現出銀河裡的一顆藍星，其清影不僅在臺灣新詩史上留下了重要的一席之地，而且他的詩觀，在今天看來仍有寶貴的價值和啟示。他在代序中提到，「記憶是唯一的真實，意念是瞬間的不滅。」他的詩心永遠年輕，語言不尚雕琢，總是在平靜、自然的敘述和生動的描繪中去創造詩美。行文至此，為了表達對這位老同鄉詩人帶領筆者加入國際詩壇交流行列，以及不時地鼓勵與支持的敬意，即興賦詩一首〈勇者的畫像—致綠蒂〉：

> 天上的雲啊，和我一樣
> 秋光的飄泊者
> 我們源自同一故鄉
> 那兒有閃耀的蔗田，懷舊的小巷
> 那兒有蟬嘶的童年，華燈的廟堂
> 從銀河的北面奔向南方
>
> 是誰驅趕著你？
> 遊牧的行吟？命運的神話？
> 鄉愁的悸動？曠原的呼喊？
> 或是駐留使你倦怠？
> 是不息的血脈相連的山？
> 還是一生深長的眷想？

噢，不，你已棲息靈魂中……
歌聲在星夜中倍感清妙
那曾經的華麗與愁悵
已幻成合掌的真誠
隨著鐘鼓、海風，喜悅飛翔
你沒有行腳，無所謂陽光

《十八‧八十》── 從綠蒂 風吹來的哲思

石秀淨名

　　老人十二月即將開研討會，從他十八少年時寫詩到如今八十綠蒂詩研討會。他要許博士囑我寫文，使得我一夜無眠，躺在床上都想著這事。老人的詩從十八歲走來，就出落得自有風華，我愛稱它為「綠蒂風」，只此一家，別無分號。到得八十歲來，也只是少些牽繫，不，纖細。

　　他牽繫的依然是他內心底的美好詩情。微微的傷逝，但依然是美好的，好像他還是那十八歲的年少。耽美似的。可惜我人在途中，無書可以翻閱引用證據。應該這麼說，他這一生的最愛是新詩，從一初識他就不悔，就是它的人了。這詩還大於他的人生。綠蒂的一生就是綠蒂詩的一生，他的人生觀就是詩的人生觀，他的最愛！

如果我的記憶沒錯，綠蒂之為筆名是從夏綠蒂來的，至於夏綠蒂打哪兒來？麻煩你翻翻某本外來的小說。

這裡讓我想起來，曾是創世紀詩社社長的落蒂，說他年輕時受綠蒂諸多影響，所以從綠蒂而取筆名落蒂。一綠一落，詩壇而有此先後二蒂，皆我鄉賢前輩，綠蒂是我當兵後的工作老板，落蒂為我高中學校老師。

此文當然待續，等我從山上下來，才好引用詩文而作結。

我終於下山來了，習慣呆在小小熟悉的時咖啡館，《十八‧八十》也找到並帶在身旁。

隨意翻到老人的〈詩意種植在雙河溶洞〉：

腳程年邁
征服不了你的峻奇
文字蜿蜒
道不盡你雄偉壯麗
風以一個手勢
來翻閱宇宙最初始的年輪
詩以意象
來詮釋這山中之中
洞中之洞的神秘奧義
朝下成長的鐘乳石林

一滴凝結了千年的冰冷
非雨非淚
提醒我剎那間遠距的鄉愁
千年與一時只是時光的錯位
仰望峽谷地縫的天光
俯思暗河流動的清澈

面臨億萬年的預言
生命的長度過於短暫
不見無常的凋零
亦不見流言飛滅
行旅匆匆的步旅
欲將美好的詩心封印窖藏
誤植瞬間為永恆

　　這一首詩最足以代表老人現今的處境，就他的心靈和生活，他在兩岸的文化行旅。他從十八到今年八十，倏忽攀越詩的峰頂，倏忽潛入詩的深海，腳程的確是年邁了。

　　這雙河溶洞應該是秋水社長梅爾在中國所經營的一個旅遊項目。我相信年邁的老詩人是到此一遊了，才有此作。恰恰好詩言志，詩言誌了老人自己，雙河溶洞一般的彼此。

　　老人筆下沒有贅字，無有濫情，看似簡單的意到筆到，是因為虛實合一了，人物合一了，時空合一了。這裡也可以見到老人的詩觀，老人的生命觀，即生命美學。

> 風以一個手勢
> 來翻閱宇宙最初始的年輪

老人的一生在我看來的確是以一個風的手勢，飄花似的綠蒂
了詩壇，從不大聲喧嘩，不拉幫結派。至於翻閱宇宙最初始的年
輪，在他是個感性的語言，不若楊牧的〈年輪〉是內外鑽進去了。

> 詩以意象
> 來詮釋這山中之中
> 洞中之洞的神秘奧義

詩以意象來詮釋這山中之中洞中之洞的神秘奧義，詩有必
然，只能如此，除非你是另個生命氣質，老人少了十八纖細的耽
美，到此卻見八十哲思的淡然，這算是一種牽繫嗎？

> 朝下成長的鐘乳石林
> 一滴凝結了千年的冰冷
> 非雨非淚
> 提醒我剎那間遠距的鄉愁

這鄉愁已非人間！是自然的，物質的，生物的，生命的……

而如此遠距，遠距間，而當下當體的見到。非雨非淚的千年

冰冷，一滴一滴而朝下成長，的鐘乳石林。

　　千年與一時只是時光的錯位

　　我們時光錯位的寫著詩，在詩人是一時百年，在詩史可是千年而千，直到世界末日，終於成就腳下縱橫的詩路。

　　仰望峽谷地縫的天光
　　俯思暗河流動的清澈

　　天光清澈，不管是峽谷地縫，興許暗河流動。老人的眼神及其心志必然如此。

　　面臨億萬年的預言
　　生命的長度過於短暫

　　的確！的確！這是雙河溶洞可見可觸的啟示，不是嗎？

　　我看著老人如然的一介不取，從鍾鼎文手上，接棒，繼續服務兩會所有的文學藝術方方面面的工作者。要有此能耐，就要有此心胸：

　　不見無常的凋零
　　亦不見流言飛濺
　　行旅匆匆的步旅

人一生百年，誰不是匆匆的步旅？你不也是嗎？何計較之有？

藉著雙河溶洞的啟示，老人最後說了：

欲將美好的詩心封印窖藏
誤植瞬間為永恆……

我想到老人在本書的自序裡，提及：

預刻的墓誌銘，是我自己選擇的人生版本，我愛故我思，我詩故我在。

對啊！是這樣的。他一生的兩個關鍵字是「愛」與「詩」，猶如我在前面就說的，他這一生的最愛是新詩，從一初識他就不悔，就是它的人了。這詩還大於他的人生。綠蒂的一生就是綠蒂詩的一生，他的人生觀就是詩的人生觀，他的最愛！「愛」與「詩」亦讓他「思」與「在」，我真的不曾看到再有像他這樣的愛詩人了。單純的。

我但願綠蒂風能誤植瞬間為永恆！

再解《觀自在綠蒂詩話》

── 說綠蒂的自在並賀耆壽

陳福成

　　老友、詩人綠蒂（王吉隆），今 2021 年八十大壽，在此先祝福他萬壽無疆，再創詩壇高峰，引領兩岸中國詩壇走向新境界。《觀自在綠蒂詩話》一書的出版，除了是對綠蒂一生作品深入有系統的研究，也是為賀他耆壽之獻禮。

　　但，《觀自在綠蒂詩話 ── 無住生詩的漂泊詩人》出版一年多來，每有詩壇朋友問我「觀自在」和綠蒂的關係（即質疑形容綠蒂是觀自在的合理性）。[1]故這篇短文就再略說這個「問題」。

　　首先，當然是必須緣於詩人綠蒂詩作的核心風格自在與無

---

[1] 陳福成，《觀自在綠蒂詩話｜無住生詩的漂泊詩人》（台北：文史哲出版社，2019 年 10 月）。

住。這「自在」和「無住」也是綠蒂詩的主要意象，甚至是他的人生哲學或人生觀。他善於觀照，觀主客之境，觀人、觀事、觀心，觀一切都自在，如觀世音菩薩觀世間一切都自在。而「無住」亦是引佛經《金剛經》思想，佛陀與弟子須菩提有一段對話，〈莊嚴淨土分第十〉；[2]

> 是故須菩提，諸菩薩摩訶薩應如是生清淨心，不應住色生心，不應住聲香味觸法生心，應無所住而生其心。

「不住色聲香味觸法」，最簡略的解釋，就是不執著於世間的一切；「應無所住而生其心」，「無住」生心，不執著於任何事物，離一切相，才能自在而生菩提心。

綠蒂的「無住」自在，還要加上他的漂泊詩風，一生也都如風、如雲、如江河，永遠自在漂流，在漂泊的旅程中「無住生詩」。從「無住」和「自在」兩個意象中，再衍生出孤寂、漂泊和鄉愁三個意象，共五個意象，涵富在綠蒂的詩文學中，在他的上千首詩裡閃閃發光，把他的詩推上空前的境界。

其次，筆者是正式皈依正信佛教的佛教徒，佛緣雖淺，對佛法的理解和修為，大概止於「小學」程度。但筆者只把握一個「信」字，參加了多次佛光山佛學夏令營，也聽了師父星雲大師和多位著名法師講述佛法，「眾生本俱佛性」，師父勉勵大家勇於直下承擔「我是佛」。再者，師父在《迷悟之間》說：「人人都有觀自在，

---

[2] 可看任何一本《金剛經》。本文引星雲大師著，《成就的秘訣：金剛經》（台北：有鹿文化事業有限公司，2011年2月21日），附錄二。

何必他方遠處求？」意思說，只要有一顆觀照自己的心，認識自己本來面目，你就可以自在了。[3]人人都是佛，《華嚴經》說：

> 心佛及眾生，是三無差別，諸佛悉了知，一切從心轉。

　　心、佛、眾生三無差別，表示眾生是佛，佛也是眾生，此種論述除《華嚴經》講，《大正藏》也提到。所以，佛與眾生本是「一家人」。《洞山悟本禪師語錄》亦說：[4]

> 眾生諸佛不相侵，山自高兮水自深；
> 萬別千差明底事，鷓鴣啼處百花新。

　　佛與眾生並無不同，差別只有迷悟之間。眾生透過修行悟道，去除煩惱也能成佛。「萬別千差明底事」，宇宙萬象一花一世界，但佛性相同；「鷓鴣啼處百花香」，泯除了分別心，人間處處是鳥語花香，處處是淨土。眾生與佛如此接近，表示眾生真的本有佛性，作佛不難；作菩薩也不難，《大般涅槃經》說：「若於一眾生，不生瞋恚心；而願與彼樂，是名為菩薩。」對人沒有瞋恨心，給人安樂，給人幫助，就是菩薩了。

　　從筆者眼睛看出，眾生都是佛、都是菩薩，差別只在迷悟程

3　星雲大師從 2000 年 4 月 1 日，開始每日提供一篇〈迷悟之間〉短文，給《人間福報》刊用。寫了近年，共 1124 篇，由香海文化出版。
4　洞山良價，敕諡悟本禪師，或單稱洞山，俗姓俞。晚唐時會稽諸暨人，曹洞宗創始人，有《寶鏡三昧歌》、《玄中銘》、《洞山語錄》傳世。

度不同。一般通俗稱某人活的「自在」，是說某人放得下、看得開、少煩惱，但能和觀世音菩薩等同「自在」，真是千萬人難得一人。所以，吾人凡夫的自在，與觀自在菩薩的「自在」，必有很大程度的差別。

假設，一般人自在有初中程度，菩薩的自在是博士水平，那麼綠蒂的自在（人、詩），大約已到大學快畢業了。

在《金剛經》中，〈妙行無住分第四〉，佛陀告訴須菩提應「不住於相」，這「相」包含「我相、人相、眾生相、壽者相」。詩人綠蒂的自在「無住」，當然未能達到佛的境界，但筆者也尚未找到他「住」在哪裡？若有所住，他一生堅持住於詩，漂泊「無住生詩」，是他的詩風很鮮明的特色。

綠蒂的自在，除了體現在他的詩歌文學作品，也體現在他的為人處事和工作上。大家都知道，近二十多年來，他和夫人每日苦守著中國文藝協會這個「小廟」，為兩岸文藝交流奉獻心力。大家都知道這是「無給職」工作，他兩夫妻等於是兩岸文壇的「全職義工」。

他不為挫折改變他的風格，他的自在，可謂是八風（稱、譏、毀、譽、利、衰、苦、樂）吹不動，他自然自在，他不是「觀自在」他是什麼？

認識綠蒂這麼久了！我欣賞他的自在人生，他是灑脫的白雲、自在的流水，隨分漂泊百餘國家而「無住生詩」。如是隨順因緣的生活寫詩，生命漂流如竺庵大成禪師的一首詩。[5]

> 伯勞西去雁東來，李白桃紅歲歲開；
> 萬事無過隨分好，人生何用苦安排。

　　他人生不外求，絕不追逐世間功名富貴，亦不汲汲向外苦苦營求，凡事隨力、隨緣、隨分、隨喜而為，自然也得到不少好因緣相助，助他完成許多兩岸文壇的重要交流。說實在，中國文藝協會因「中國」二字，不易取得補助，身為理事長的綠蒂照理說煩惱無限多，但我只看他依然自在，未見他煩惱過，好像要用錢時，就出現有緣人送錢來解決困境。一年三百六十五天，他好像天天自在，日日沒煩惱，這也真的神奇！應了無門慧開的一首詩：[6]

> 春有百花秋有月，夏有涼風冬有雪；
> 若無閒事掛心頭，便是人間好時節。

　　吾研究綠蒂（人、詩）甚深，他有吾國古代禪師的悠雅悟性，有觀自在的「自在」風格。佛光山稱所有義工為「菩薩」，綠蒂一生為兩岸現代詩發展做義工，為中國文藝協會做幾十年義工，他的法布施、財布施、體能布施、時間布施、智慧心智布施等，

5　大成，字竺庵，湖南醴陵人。明萬曆三十八年（1610）生，卒於康熙（1666）。其少披剃於南嶽，後行腳四方。

6　無門慧開禪師，宋淳熙十年（1183年）生，宋景定元年（元世祖中統元年、1260年）圓寂。俗姓梁，字無門，浙江杭州人。為南嶽下十八世，臨濟宗楊岐派。常奉詔為宋理宗說法，曾因祈雨應驗而獲賜金襴法衣並敕封「佛眼禪師」。著有《無門慧開禪師語錄》、《無門關》。

述之不盡。他夠資格稱「現代中國詩壇菩薩義工」。

觀自在綠蒂，有你這位朋友是我的光榮。吾以二十萬言之《觀自在綠蒂詩話 —— 無住生詩的漂泊詩人》一書，為你蓥壽稱頌！讚賞你的自在！讚頌你的人生，值得！

台北公館蟾蜍山萬盛草堂主人陳福成誌於
佛曆二五六四年　西元 2021 年 2 月吉日

綠蒂詩壇松柏長青

讀綠蒂新作《十八‧八十》

方鵬程

　　承蒙綠蒂兄賜贈最新詩集《十八‧八十》拜讀之後，不知不覺感到敬佩，綠蒂兄詩作的功力，已經達到「降龍十八掌」的境界了。

　　從書名來看，綠蒂兄從十八歲開始寫詩，至今已經八十歲，超過一甲子了。如今仍然創作不懈，寫出許多震爍天地的詩作，可謂「丹心照古今」了。

　　在下不才，從十六歲起，因為胡亂塗詩，有幸在台南認識當時也是十幾歲的綠蒂兄，詩是共同的語言，也是共同的嗜好。

　　綠蒂兄到台北創業，接辦《野風》雜誌，後來又創辦《野火》雜誌，在下親眼目睹詩壇又增加了一顆閃亮的明日之星。果然，綠蒂兄為詩壇、文壇效力數十年，終於成為詩壇與文壇的掌門人，陸續擔任中華民國新詩學會理事長、中國文藝協會理事長，栽培後進，不遺餘力。

在下因為「文林」派別眾多，走的是「文學報導」路線，沒有修煉到「倚天屠龍劍」的境界，只能學「高人論劍」，點到為止。

退休前後，多次遇到文壇掌門綠蒂兄，在綠蒂兄的鼓勵之下，偷學綠蒂兄的詩學武功，恢復寫詩，偶而也比劃幾招，自娛娛人。

在下功力有限，不敢論斷綠蒂兄的詩作，只能在拜讀之餘，偷學一些招數，並請詩壇眾文友不吝賜教。

他總是一派春天氣象

—— 讀綠蒂

謝　冕

　　一年中從元旦到春節這段時間，是北京最冷的數九寒冬。感謝海峽那邊的朋友為我們帶來溫暖的春意。詩集《四季風華》的開篇就是"春天記事"，很溫情的："回憶是永不關閉的旋轉門，輪迴著流星的哀傷，輪迴著野百合嘹亮清新的號角，在擁有與失落的縫隙中，在海洋與雲天的交接處，孤帆漂泊等待---"讀綠蒂的詩，內心總是安寧，舒緩，隨性，即使是講輪回的哀傷，即使是講孤帆的漂泊，也總淡定，言辭溫婉，有一種從容心態。在嚴寒感受春天，感謝他為我們送來春消息。

　　他向我們講述春天花園的秘密。這首詩篇幅不長，內涵卻是深遠，層層遞進，層層深入，展現著一層深似一層的風景，設思精緻，猶如剝筍，直抵內心。由開闊之境，而逐漸收縮。開始是寬廣的，花園很大，繁花無邊：陽明山的杜鵑，西湖的紅桃，荷蘭的郁金香，京都的櫻花。接著他的筆鋒轉入僻靜處，繁華背後的寧靜，那里的春天有點寂寥，但卻是一派遠離塵囂的清雅。這還遠遠非他所鍾情之所在，他說，我有個更隱密的花園，僅有春天和我知曉，那里耕犁是只屬于兩個人的世界。

「這個來自海峽對岸的純情詩人，他藉春天寫自己之所愛，他屬于春天，春天是他永久的主題。在風華四季中，春天最耀眼，他有許多獻給春天的詩章，除了上面提到的，如〈隔離的春天〉、〈告別春天〉、〈春天在說話〉等，即使標題未明示，卻寫的也是春天，如〈三月〉、〈在有你的夢中〉等。難能可貴的是，他能把古今中外眾人都寫濫了的題目，翻出了別樣的新奇。上面引的"秘密花園便是一例，這裡的〈在有你的夢中〉也是一例，開頭就是：春天還是來了……

> 鳥語花香的首演還是轟動了大地的票房
> 溫暖的綠色肌膚擁抱了草原
> 蝴蝶匆忙得的眷顧間
> 誰吹散了攀爬在陽台上所有的紫藤花

當然四季轉換，春天不會永駐。遠去的跫音輕俏，深邃了天空的孤寂，而在詩人心靈的秘密花園裡，春天依然播放著"迷情的驚艷"。詩人綠蒂堪稱寫春天高手，這裡沒有訣竅，只是由於他有一隱藏心中的"秘密花園"，那裡有永駐的春天。他的許多詩章都向我們暗示這花園的存在。在〈永遠的旅人〉中，他再次提及這座花園，他說，"暮靄輕薄如霧，聚了又散，春天的秘密花園熟悉依然，好似你從不曾遠去。"這裡終於出現一個第二人稱的"你"，這令我們猜想，這個花園有"故事"，不然詩人不會屢屢憶及，這是關於春天的故事。我們細讀文本，依然可以尋見這其中的雪泥鴻爪：共同的記憶以及歡笑與淚痕。

詩緣情而綺靡，有了這一點，他就會常寫常新而不至於落入俗套。在風華四季中，他不僅寫春，也寫夏和秋，也寫冬，他的筆下總是春風和煦，我們總是聽到他心中的"春天在說話"風在說話，傳播梅香幽遠；雨在說話，洗盡大地塵囂；鐘聲也在說話，祈願一年安吉。讀綠蒂，怎麼讀也繞不過一個"情"字，最動人的也就是他通過春天抒發的喜樂與溫馨。讀他的詩，我們不會感到壓抑，不是說他沒有哀愁與苦痛，而是他能化解，能豁達的置換。綠蒂說過"對於偏愛風景的我，人生處處都是避風的港灣。"這就說，美能使我忘記醜，美景化為詩情最終滋養了我們的心靈。我們讀他的詩，會真誠感謝他給與我們的：人生的憂患太多，我們有時會不堪重負，綠蒂的詩會為我們減壓、解困，因此我們感謝他。

綠蒂的詩不僅是純情的，而且還是唯美的。批評家敏銳地發現了他的美學向度，他們總結他的審美格調是"雅艷"，是"古典的風雅"與"現代的驚艷"的結合（黃中模）；是"有情世界的無限禪機"（楊傳珍）；而在我，最真切的感動是，他給我們充滿霧霾的嚴寒送來了清朗的春溫。我本人認識綠蒂少說也近二十年了，每次見他總是年輕，總是青春，二十年沒有改變，他的詩年輕，他的人更年輕。我們的見面總是溫暖，不論是在內地，還是在台灣，他總是一派春天氣象。

自然、生命與詩

── 讀綠蒂的《四季風華》

朱先樹

　　綠蒂是我早就認識和熟悉的臺灣詩人，幾十年來，他在詩歌創作方面，已經取得了突出的成績。在台灣，以及大陸詩壇都有著一定的影響，出版過時多部詩集，並獲得多種獎項，在廣大讀者中留下了深刻印象。他最近出版《四季風華》詩集，是他的四季詩情記錄，值得我們關注。在這裡，我就以"自然、生命與詩"為題，談一點自己的理解和意見，供作者和讀者參考。

一

　　人是自然的一部份，無論時代如何發展變化，這一點是改變不了的。詩人綠蒂對這一點認識非常明確。他的詩首先就是表現人與自然的和諧與共處，在〈擁星月入懷〉中寫"裁剪整幅的藍天 / 最寬闊的帳幕/以屋頂赭黃的琉瓦 / 鋪成背脊不陷的硬床 /

星爍是不需電源的嵌燈 / 對流雲是容易滑走的被 / 蟬鳴鳥啾交錯音階 / 續成生動的床邊故事 / 海濤喋喋不休 / 是輪迴不歇的催眠曲帶 / 椰樹葉擦撞娑婆 / 飄搖夏夜曼悅的風鈴 / ……" 詩人的心胸與大自然一樣開闊和諧，人與自然誰也不是主宰，這雖然只是詩人的旅夜感受，但的確表達了人與自然應有的美好的關係。由此，詩人想在東海濱 "構築一座華麗的詩屋" 即可以游牧 / 也可以安居，就是順理成章了。

詩人綠蒂對大自然有著特別的感情，他寫故鄉、寫寶島、也寫大陸美麗風光，甚至世界各地名勝。寫〈帕米爾高原〉："凝視著雪山冰河構造的琉璃世界 / 烈日等待在頂峰 / 捲起驚濤的千堆雪 / 聆聽積雪崩解的白色回音"。其實風景的美好是記憶和欣賞，在洛陽牡丹節寫的〈風景中的風景〉中就寫了 "真正令人難忘的景色 / 是存在風景中的風景 / 我承受了春神最豪華的饋贈 / 也閱讀了洛陽最飽滿的豐盈"。詩人對自然的讚美，是融入自然的一種美好感覺。

人的一切都是來于自然，或自然的啟發，詩人對此是十分敏感的。在〈夢或者回憶〉中是這樣寫的："鳥與飛機 / 一樣在空中飛翔 / 只有乘載的是風或者人物的不同 // 路燈與行道樹 / 一樣佇立在路旁 / 只有照射與容顏變幻的差異 // 雨與歸舟 / 一樣在大海飄游 / 只有游離方向與路程的不同 / 星與螢火蟲 / 一樣在夜空閃爍 / 只有距離與存在時間的差異 // 雪與蒲公英 / 一樣是飄落的風景 / 只有季候與溫度感覺的差異 / 夢與回憶 / 一樣長存在有你的思念中 / 只是我已分不清 / 是虛構的美麗 / 或是記載曾經真實的過程裡"。我全文引出這首詩，只在說明，人的一切都是一種自然，無論真實與虛構，都是自然的誘發。詩人更是比常人的感覺更強烈些罷了。

<h1 style="text-align:center">二</h1>

　　人是自然的最高生命體。因此作為人的生命才是具有最高價值意義的。詩人對此更有自覺認識，因此，生命意識對一個詩人來說，其表現是更為重要的，詩人綠蒂在自己的創作中，對生命意識的追尋，占著突出的位置，就是可以理解的了。

　　綠蒂在他獻給母親的詩〈決堤的哀戚〉中，不但表現了母子親情，而且寫母親作為一個生命體在自然與現實生存中的困境狀態"您生命的脈動／在儀表上緩弱為零／焦慮就成為無法抑制的悲傷／淚水是泛濫決堤的哀戚"。而正是"弱不禁風的您／挺立為不朽的塑像／在我心中"。這就是親情，也是對人的生命價值的尊重。

　　生命是不能摧毀的，綠蒂在記 9、11 大地震的〈早安，臺灣〉中寫地震的無情："大地無預告地傾洩／他狂暴的憤怒／以位移的山川／以摧毀的斷垣／標示了二千多個／生命輕如落葉脆若枯藤的墓誌銘"。但"你的孤單與我的恐慌相互擁抱／你的折難與我的捐輸血脈交流／讓所有被浩劫壓縮的驚懼／讓所有被斷電籠罩的黑暗／都消彌於我們緊摟的關懷／／……／在廢墟中的每一個縫隙／將因我們如雨的溫存／綻放出純美希望的飄香百合／在斷層上的每一個倒塌／"將因我們的勇敢的承諾／再構築起全島嶼嶄新的願景＂，而＂震後百日的除夕鐘聲／將傳來平安訊息／千禧年第一道射出曙光／依然亮麗地說／早安臺灣＂。我們相信，事實也如此，這就是人的精神力量，是人的生命光輝。

由于於人間的不平仍然存在，人與人的爭鬥，甚至殘酷殺戮的戰爭也還沒有絕跡，但用詩人一首詩題說明了生命的意義是〈硝煙掩不住的美麗〉，戰爭是生命的摧殘者，我們要將＂戰爭封緘為時代的廢墟＂。只有這樣，沉重的心靈才會輕盈起來，一切依然是最美麗的，這是詩人對戰爭與和平的理解，也是對生命美好的珍惜。在詩人綠蒂的許多詩中，嚮往美好，快樂生存，都是突出的主題就不難理解了。

三

詩人綠蒂的詩，題材內容十分廣泛。這部詩集裡的作品是他的四季的詩情，也是他生活行旅與心境的寫照，而記憶是唯一的真實。他說＂我以詩來記載每一則生命的感動＂。就是說，這些詩都是他真實記載的一種貯藏。內容包括了多方面，風花雪月、生活行旅，但不是自己所經歷的，則都屬無關，無論對社會變化多麼重要。用他的一首詩〈冬日懷鄉〉就說明了一切：＂從小鎮到台北／是一條生活聯想的直線／從磚砌的小屋到十五層上的公寓／是一張泛黃的褪色照片／從童年到古稀／從一首詩到另一首詩／是一個冬天對另一個冬天的懷念＂。因此綠蒂的詩是自我的一種詩城建設，不追時尚流行，不寫與自己生活和心靈感覺之外的東西。這是一個真詩人應有的成熟品質。

　　在感情表達方面，綠蒂的詩有哀怨與愁緒，但總體上是堅韌的、樂觀、向上，充滿理想激情的。在表現手法上，雖然詩路追尋經歷了平坦和曲折，但仍然是以自己感悟為中心，，對古典與現代，中國與西方只要是自己認為優秀的東西，就都吸收消化，成為自己表達的需要，而不是固守某種概念，現實讀者的接受和需要永遠是第一位的，這就是博采眾長，發展自己，適合自己的東西總是最好的。從他的詩中，我們可以看到各種痕跡，但變化發展，最終成為自己，這才是最重要的，表現手法，就是這樣充滿著自由和活力，因此他的詩才是最有生命力的。

　　從詩技巧的層面看，無論是構思、語言、形象等方面，詩人的任務就是探索與創新，這是發展變化的關鍵。綠蒂對這一點的堅持也較好，但前提是適合大眾讀者口味，首先是能懂和接受，喜歡與欣賞，這是重要的。現在無論是臺灣還是大陸，詩歌表現和存在發展都是多姿並存，好與壞都是相對的，只要有讀者需要都有存在的可能，讓詩者選擇讀者，讓讀者選擇詩，作為詩人，走自己的路，其餘的讓別人說去。我想詩人綠蒂是堅持了這樣原則的，我們談綠蒂的意義也就在這裡、

清雋淡雅的詩風　機巧變幻的語言

── 讀綠蒂《四季風華》

吳開晉

　　綠蒂先生是臺灣自成一格的詩人。他習詩、寫詩幾十年，出版過十餘種詩集，逐漸闖出了一條獨特的詩路。他不同於洛夫的廣闊，超脫，不同於余光中帶有濃郁的古典神韻，不同於張默的現實與想像的多層次聯結，更不同於已去世的詩人文曉村的沉鬱頓挫。而他，作為詩的痴愛者，用心靈寫詩的詩人，造就了自己清秀、淡雅的詩風。從《四季風華》這部近六百頁的詩集中，除了有為母親去世寫的〈決堤的哀慼 ── 獻給母親〉及為臺灣"九二一"大地震寫的〈早安，臺灣〉感情比較濃烈外，其它的寫風光、寫愛情、寫友情的詩作，都清新、淡雅而婉約，多是詩人在自我剖析心中之所思、所感，並訴諸變幻多貌的語言展示出來，似品味一杯清爽可口、耐人回味的茗茶，正如唐人司空圖《詩品二十四則》中的"沖淡"："素處以默，妙機其微，飲之太和，獨鶴與飛。猶之惠風，荏荏在衣，閱音修篁，美目載歸"和"清奇"："娟娟群松，下有漪流，晴雪滿江，隔溪漁舟。可人如玉，步屧尋幽，載行載止，空碧悠悠"。這不是對號入座，而是指綠蒂詩的大體風韻。試舉幾例：如〈千島之湖〉，在千島之湖看湖的千島，是一座鳥語與花香/是一座霧鎖梅峰的朦朧/碎浪拍岸/島飄泊如不繫之舟。這裡千島和湖光，鳥語與花香，霧鎖梅峰的朦朧，碎浪拍岸，群島如不繫之舟在搖蕩，織成了一幅美麗的畫面，詩人用富有質感的詩句，創造出多彩的意象美，給人以清悠，優美的感受。詩人不尚雕飾，沒有誇張的語言，似一靜立湖邊的山水畫家，在靜靜地著墨和塗色。又如〈和南寺鐘聲〉，前兩節是："蟬聲與禪聲/鳥語與誦音/混凝成野百合清香的午後/寺院飛檐掩映天際的藍//立在這麼高高的淨土/是心離天空最近的地方/是意境最遼闊的清晰視野/黃昏款款走近/秋意悄悄襲來/披上金色夕陽的海/遠眺成變化多端的色相"，詩人採用了通感手法，把蟬鳴、鳥語、花香、藍天與寺院的誦經聲混成一體，揭示出擺脫塵世間眾多色相的寧靜禪意。之後又把暮鼓，晚鐘與燈輝融為一致，特別是有"將往事拓印成典雅的紋路/風隨鐘聲夜泊"，更是佳句，使全詩進入一種禪味兒十足的意境，也顯示出詩人淡雅清幽的風格。

詩人的詩風之所以體現出與眾不同的淡雅清雋的韻味，是和他在語言上的苦心經營是分不開的。他採用了多種藝術表達手段，常給人以意外的驚喜。他有時用回環往復的詞彙變幻，有時用排比或暗喻，但不論用什麼手法，詩句都是有濃郁的色彩感，詩人正是用詩語作畫筆，描繪出大自然和人世間一幀幀感人的圖畫，如寫白雲〈望雲〉白雲是蒼狗 / 是棉絮絲絨/白雲是蘑菇/是冰雪山巒 / 還是百變蒼穹的魔術師 / 坐看起風的山色 / 摸不清天空的遠近，以及 / 雲谷的深淺，這是用一系列和白色有關的比喻，描繪出了白雲的多種型態。又如寫日月潭的湖光夜雨〈日月潭、夜、雨〉：夜是不眠的湖/倒映著燈光明滅的故事/湖是不眠的夜/剪貼了星空凝思的千眼/朦朧在遠處的光華島/畫意地漂泊成/不繫的晚舟/在只離家百里家就能記敘的鄉愁裡。詩人以語言的技巧連接和詞語的顛倒運用，寫出了夜雨中和鄉愁凝結在一起的湖光水色。令人神往之。再如寫黃昏中的陽台〈三月〉："陽台上的野鴿子/啄食著黃昏遺漏的光輝/振翅聲驚起香雲樓拉長的身影/以及客居慵懶的與午寐/晚紅在遠海依依低垂/暈染整片山寺壯麗的霞光，詩中不僅有通感手法的運用，使視覺美變為觸覺美，而且有超拔的想像力。野鴿子可以啄食那黃昏的餘光，展翅聲驚起一個長長的午睡並不新鮮，但卻把樓的身影也拉長了，使之不斷變幻，詩句新鮮而又耐人回味，堪稱佳句。還有寫 "秋" 的詩句〈走進秋天〉"走進秋天 / 我蒼白得像一朵雲 / 飽含著太多憂鬱的水滴 // 走進秋天 / 我輕浮如一片落葉 / 寫滿被風放逐的情傷 // 走進秋天 / 如走進你過肩的長髮 / 染在芬多精的清香氛圍"，這是一首借秋景抒懷的愛情詩、詩人以排比的手法，以白雲、水滴、落葉，昔日戀人的長髮為依托，寫出內心的憂傷。秋色秋景與詩人的心境融為一致，也給人以淡淡的哀愁。詩人正是用多種語言表達手段成就自己獨特的詩風。

　　值得一書的是：綠蒂先生的詩作政治色彩成分都很淡，詩人只是通過大自然中的種種物象，把內心的情愫寄寓其中，成為“這一個”的詩人綠蒂，這是很值得年輕詩人們向他學習的。

讀四季風華　聽三種聲音

── 綠蒂詩歌創作及其聲音詩學實踐探蠡

〔澳〕莊偉傑

　　春雨如歌，雲海蒼茫。靜守在夜纏繞的邊緣，燈光如幻。打開臺灣詩人綠蒂那冊厚厚的、環襯金邊的詩集《四季風華》，撲面而來的是字字珠璣，滴滴如玉。令人在分享之中，好像諦聽到陣陣鳥語花香，品嘗著有聲有色的語言盛宴，眼前突然為之醒亮，所有的睏意與疲憊似乎在瞬間消失得無影無蹤。四季風華，文采風流，盡展其詩其人風采。他的詩彷彿不是寫出來的，而是從心靈深處流出來的，如清泉明淨汩汩流淌，隨地婉轉暢達，隨時不息湧動，隨情不擇而出。那是自然風景、也是心靈風景，更是生命風景。

　　走進《四季風華》次第交錯呈現的美學空間，可以窺見，詩人懷抱著對詩歌的赤誠，以豐富的生活閱歷、深刻的生命體驗和獨有的精神資源，精心構築自己的詩意世界，讓我們時而坐享春風與夏日，時而靜觀秋雨與冬雪，感受著詩人筆下的時令風情，原來都是"孤寂而美麗的存在"，並在季節的輪迴中營造了一座屬於詩人自己的"城堡"，顯現自身的風華，也成就了詩人綠蒂作為臺灣詩壇乃至當代華文詩壇獨特的"這一個"。難得的是，如今已屆古稀之齡的詩人，依舊沒有讓寫詩的筆停歇，而是持續撩撥文心詩弦，悠然自得地放牧人生。"因詩已成為我生活的記事簿，也是我生命的代言人。我窮所有的時光，就是為了構築一座幽雅的詩屋或一座孤寂的城堡，愛與美是磚瓦磐石，音樂與詩是材質與塗料。"[1]從分別由"春天記事"、"夏日山城"、"秋光雲影"、"冬雪冰情"這四季詩情組合的"陣容"，從那一首首呢喃細語、娓娓訴說的詩篇裡，可以發現，一個心裡擁有愛的人，必是熱愛大自然的；一個懂得珍愛的人，必能以愛心施與他人。從其人其詩，從詩集的命名上，同樣可見，詩人綠蒂手握著五彩筆駕馭文字，運作詩情，描繪大自然生活的每一處美景，本身就如同詩人的"心畫"，既是作為詩人個我生活旅行與心境的寫照，也是表達對大地和自然生命的朝聖、敬畏和感恩的情懷。因此其詩所呈現的自然觀、時空觀和生命觀，開示了自然的審美狀態和精神意義，從中獲取了人類世俗社會所不能給予的啟迪。從某種程度上說，這樣的詩篇本身就是自然美好的一部分，與之相遇，如聞天籟，如臨真境，如染詩情。筆者擬從三種"聲音"，即從三重層面來讀解其人其詩，同時表達對這位始終走在路上的前輩詩人的一份敬意之情。

---

[1] 綠蒂：〈序"四季風華"〉，《四季風華》，臺北：普音文化事業有限公司 2013 年 7 月初版，第 3 頁。

　　第一層面：自然與回聲。季節的枝頭，挽不住時光流逝。詩人綠蒂自言"從少不更事到垂暮之年，生命經歷了無數轉折，以及眾多美麗或哀傷的過程"[2]。然而，詩人從容而沉靜地面對無盡頭的萬物交錯輪迴和無休止的波湧澎湃，始終以詩作為自己最忠實的陪伴，於是他的目光與追尋轉移到致力"探索生命中一切美麗的風景和事物"，[3]似乎比以往任何時候都更加親近大自然，更加細緻入微地閱讀大自然，也更加虔誠深入地洞悉大自然。《四季風華》所收錄的 140 多首詩作，無論是作為詩情的精彩回顧還是作為心靈的真實檔案，大多與大自然有關，都是記錄和吟誦大自然之廣博之美麗之神秘奧妙的回聲。由於詩人深深意識到，唯有自然之美才是永恆的、遼闊的，無以復加的。因而，他心甘情願以筆相許，以心相許，以詩相許，在一程又一程的探險中游走或眺望，且一直堅守著詩歌這座孤獨的城堡，讓浮沉的詩章，讓詩性的景觀漸漸地亮麗起來。"頭頂的新月／掀開微藍的天幕／淡白地張貼在晨光的告示板／遠方破雲而出的朝日／在漸次蔚藍甦醒的海上／映畫出一道金燦的長廊"（〈晨光素描〉）。綠蒂詩歌中有著十分豐富的感官世界，他常常調動起視覺、聽覺、觸覺、嗅覺等感官體驗，用充滿著聲音、色彩、味道和各種姿態，給予表現物件以生動描述。尤其是在聽覺方面的描寫，可謂匠心獨運。"我沉入孤寂／為了傾聽／風聲雨勢／鐘鼓海濤／林中松鼠的竄跳以及／暗夜星子的竊竊私語"（〈暗與靜〉）。他狀寫

---

[2]　綠蒂：〈詩的旅程〉，《四季風華》，臺北：普音文化事業有限公司 2013年 7 月初版，第 25 頁。

[3]　同上註

音樂編織的生命，可以延伸為無限的可能："不只是韻律的碎片／是可隨時攜帶或提取的甜美／聆聽成陽關外的沙漠駱駝／或是山林間的流浪風聲／聆聽成岸邊一粒細砂的輕盈／或是整個大海澎湃的回溯"（〈音樂盒的秘密〉）。他描述〈夏夜聽雨〉，傾聽到撒落一地的所有話題，是童話的緣起與十年的預言，"雨的旋律交錯變奏／譜成山寺獨特的幽雅／已夜半／漫步雨中的鐘聲悠悠傳來／不見客船或歸舟／只聞遠方的濤聲／反復不休"。那首以〈傾聽西安〉命名的力作，簡直成了各種聲音的一種測繪或詮釋，詩人好像是專門為了耳朵而寫作的。確切地說，這是自然、現實、歷史、人文等多重協奏交響的回聲。讓我們在詩人的"傾聽"中傾聽吧——

> 傾聽大雁塔屋簷的簌簌風聲
> 傾聽曲江池畔柳綠的喧嘩
> 傾聽兵馬俑磅礴的氣勢
> 傾聽古長安的月色汩汩
> 淹沒了宛若過客的身影
> 在蜿蜒千年的歷史甬道
>
> 傾聽西安
> 傾聽鐘鼓樓傳統的優雅
> 也傾聽時尚大街春天的繁榮
> 遠距千萬光年外的星光
> 仿若近在咫尺閃爍地
> 閱讀著盛唐的豐盈文采

傾聽西安
是一首典雅的詩歌
是永無終篇的吟詠
從不流失
也從未變成過去的
古都風華

　　綠蒂對聽覺（聲音）的奇妙傳達，並非是單一的，其中揉合的各種感覺在通感的轉換中，更顯得搖曳多姿，騰挪跌宕。這不僅需要有一雙善於傾聽的耳朵，讓那些細微的聲響在耳際間不斷縈迴，而且需要有一顆敏感的心和一雙敏銳的目光。即便在〈觀海〉過程中，詩人同樣可以施展多彩的筆觸，夾帶著多種聲響展開詩美的描繪，把讀者帶入一種生動的情境中："望海的孩子／瞭解千年珊瑚的手語／聽懂海豚歡唱的音符／卻無法分辨歸人與過客／在眾人紛遝重複的足痕／滿風的濤聲宣讀／蒼茫無盡的自語‖反復的潮汐／吹響貝殼記憶的風洞／傳遞預言與故事的神話"。顯然，聽覺在此招致的親近感與開放感所體現的是一種真切關懷，是一種針對人與事物的雙重親近。這種"聽"是親和性的、參與性的、交互性的，我們總是被自己傾聽到的所感染。相對而言，視覺在空間上與呈現於眼前的事物是隔離的，有一種間距性或疏離感。或者說，視覺在詩中體現的是一種繪畫美或建築美，而聽覺所展示的則是詩歌的音樂美。綠蒂的諸多詩篇，在內容上往往穿插或調動聽覺來構設詩境，傳遞詩意。單從標題上看就有不少與聽覺有關的，例如〈和南寺鐘聲〉〈向西奔流的鄉愁〉〈霜降之歌〉〈風谷回音〉〈長城飄雪〉〈欖仁樹的對話〉《蛙鳴》〈隨心飄動的風鈴〉〈木麻黃絮語〉〈野百合花語〉〈早讀〉〈春天在說話〉〈傾聽與觀照〉〈遙遠的潮聲〉〈颶風過後〉〈跨年的聲光〉〈漂流之歌〉等詩作,均出現了大量的象聲詞匯。這樣的寫作堪稱為聲音詩學的實踐與生活細節的靈動展開,是自然風景與永恆詩境在瞬間凝聚與定格的聲情並茂。

第二層面:記憶與心聲。在詩人綠蒂看來,詩是心靈最美麗的聲音,寫詩的人以精美而簡練的文字表達心中的感覺。於是他用詩來記載每一則生命的感動。但 "訴說或落筆的瞬間,一切都已成過去,所見所聞,風花雪月,在展現的下一秒,即成過眼雲煙,所以記憶是唯一的真實,意念是瞬間的不滅。"[4]如果說,聽覺想像需要一顆善於想像的靈敏詩心;那麼,用 "四部曲" 來精裝成詩人生命裡的四季詩情,就是詩人用熾熱詩心與山川日月、與風雲雨雪、與萬事萬物的對話和呼應,同時也是詩人 "與生命真摯的對話"(向陽語),並存檔為 "詩美學" 的永恆風景,即便詩人 "無法掌握或描寫它完整的輪廓,但詩讓它含蓄地成為一種優美的記憶。"[5]

生命裡因有畫意詩情而姿彩萬千,人生中因有美麗記憶而撲朔迷離。走在旅途,面對歲月嬗變,時光旋轉,感歎也好,沉默也罷,我們總無法回避 "情" 與 "憶" 的糾纏。一個 "情" 字,乃是心與青之組合,意味著綠色之心青翠欲滴方能凝成為情;一個 "憶",則是心與意之結合。所謂 "記憶",不就言已(記)

---

[4] 同註 1。
[5] 綠蒂:〈詩的旅程〉,《四季風華》,臺北:普音文化事業有限公司 2013 年 7 月初版,第 25 頁。

心意嗎？所有這一切都與（自）己有關，皆源於心，源於擁有一顆青綠蔥郁的心靈。這用來解釋綠蒂其人其詩是再合適不過了。於是當我們的視線旅行在《四季風華》所律動的文字世界，彷彿走進一處奇妙而別致的心靈詩屋，而詩人傳達的情思與搖曳的記憶一旦凝成情感的晶體，寄託於大自然的萬千物象之中，人情和人性的內蘊彷彿如雲影如雪花如許清晰地閃爍於眼前。作為詩者，綠蒂與萬物心有靈犀，並用一顆赤子之心去感受萬物之心；作為歌者，綠蒂用心弦化作詩弦，把人生旅程鋪成一條詩意之路。無論是松風飛鳥的歌唱、海濤鐘鼓的奏鳴，抑或是晨光清風的流韻，都在他跳躍的詞語中旅行。而回眸人生歷程，走過從前，沉浸於往日時光，許多難以忘懷的情景揮之不去，常常會喚醒一顆詩心，去尋回心靈中那些記憶的風景。"每天的日升月落，每回的風起雲湧，皆因感覺與文字不同的組合而記憶，而存在，存在不一樣美麗的瞬間"。[6]可見，記憶是存在者的重要心理機能之一。從普泛意義上看，任何生命個體都是一個記憶性的精神結構。記憶潛藏著一種召喚的力量，它可以喚起人們回首往昔，能激發存在者不斷地修改或塗抹以往記憶的歷史，賦予其主體的情緒、想像、體悟和話語。對於詩人而言，記憶的內容和意象的不斷更新，可以獲得詩意和智慧的開啟，從而連續地豐富和延伸記憶空間，使之誕生新的符號形式和感性意象。"用童年私釀的酒／已屆香醇典藏的年份／往事瘦削，風乾為故鄉記憶的臘味／微醺的願望，酣醉的鄉愁／都已沉睡沒入深深夜闌／是微亮的天光／還是夜遊的流星群／倏然撞醒驚豔的眼色／趕上雁群消失在天際的灰白身影"（〈野宴〉，如此獨特的體驗和感受，顯得真

---

[6] 綠蒂：〈存在不一樣美麗的瞬間─代序〉，出處同上，第 172 頁。

切而有韻味，也是詩人心聲的自然流露。

由於在主體的審美活動過程中，記憶在以真實的個人經歷和生活體驗的基礎上，意向性地展開心靈的重新構造，因而植入記憶成了生命唯一的真實和"韌性"。從綠蒂詩中可以看出，詩人的情緒躍動和想像力升騰常常滲透到記憶之中，彷洞開一扇心窗去抒寫自己的情懷。〈六十五歲的城堡〉形象而生動地傳達了這樣的心聲：

> 鴿影散落在城堡的暮靄／城垣的色調漸次灰暗下來／記憶的故居迤邐了黃昏的身影／因風乾而縮皺的往事／模糊了眼前裝飾的繁華‖半價的機票與車票／伯伯的尊稱與讓座／搜尋懷舊的老店在琳琅滿目的市招中／猶如現實畫布上開始剝落的粉彩／不適合群居的人，即使／再多相識與不識的‖聚光燈／明了又暗，攏了又散／獨自吟唱的／還是心中的那首歌／在鐘樓的高處眺望／山的蔥鬱海的浩瀚／我的六十五歲就圍困成一座小小孤城／芝麻與綠豆鬆散為必需的囤糧／灰白的鬢色是嚴肅的衛士／閱讀與書寫築成寂靜的護城河

可見記憶的驅使，能讓人充分體驗生之美好，激發人的生命活力，滋潤人的心靈，尤其是人到晚年，可以當作戰勝那些平淡而無聊的時光的一件重要法寶。也許，這是綠蒂詩歌給予我們深刻啟迪的緣由。從某種意義上講，生命其實就是記憶，記憶就是生命。而作為生命體驗和心靈訴求的一種藝術方式，詩歌寫作之於

記憶亦然。或者說，寫作本身就是一種記憶。在〈四個背影〉中，詩人緊緊抓住"背影"這個意象，打開深藏於記憶中的情境，從生活中提取鮮活的鏡頭，以精湛的藝術表現力，把內心最真摯的情感呈現出來——

> 有四個背影／從未走出我視線的遠方
> 父親的背影／微微傴僂諄諄叮嚀／交付我一生筆墨的負荷
> 愛妻的背影／恬靜優雅長髮飄逸／毋須面對也能洞悉眼神的關愛
> 詩人的背影／扶杖前行猶如先知／讓我孤寂獨處而不感孤獨
> 無法定義的背影／在不可觸及的懸崖高處／瞬間闖入而永恆封印於詩的深層
> 背影遠去對我告別／消隱在前方的光輝或陰暗／從未期待它驀然回首的牽引／也從未真正地讓它離我遠去

如果說作為一種審美記憶，主要取決於主體的詩意體驗和想像活動，取決於生命瞬間的領悟和人生智慧，足以寄寓作者心中最深厚的感情；那麼，走進大自然同樣可以喚起我們的記憶和感恩之心，這不僅是對自然的眷戀與親和，也是對人類心靈家園的理解、遐想和神往。"一個人／一本詩稿／一支墨水斷續的筆／一處人跡稀疏的海灘／一架不經意消失在眼前的風帆／一隻不必思想且不定焦距的眼瞳／就是這樣一個廉價而悠哉的午後∥一顆星／一徑山路／一抹野百合隱約的清香／一記迴盪不已的廟院鐘聲／一盞在遠方閃爍招喚的農舍燈火／一則被刪祛部分章節的愛情故事／就是這樣一個陌生又熟悉的夜晚"（《午與夜的十四行》）。詩人沉浸於多姿多彩的自然世界，探索人生的真諦，尋找內心情感的對應物，常常是物中有我，我與物融。海灘、風帆、星辰、花草、山路、鐘聲、燈火等大地萬物皆是人類生存不可或缺的物件，自然的意義更在於，它是人類心靈的家園，往往能讓人遠離欲望與功利，歸於寧靜與澄明。一個真正的詩人，總是通過對心靈家園的呼喚為人類招魂，召回"人之初，性本善"的自然屬性，以期詩意地棲居在大地上，走向時間清淩淩的源頭，尋找到生命的本源。詩人綠蒂深諳其中三昧，於是不斷袒露和發出自己的心聲。"七十載的風花雪月，漫長行腳的塵與土，砌造了一座小小的詩的城堡。他是屬於我個人的私密城堡。不期待輝煌，也不需要春風的叩訪。屬於城的深夜，書寫自己的夢與記憶，毋須誰來喚醒。"[7]如此清醒而自覺的表白，充分表明綠蒂的詩造化於天地自然，從純淨的心性出發，把詩意引向一片心靈的澄澈之境。

　　第三層面：詩境與禪聲。詩的創造旨在以藝術的力量去拓展心性與情懷，以詩意之美去構築一個強大的內在世界。南朝文論家鍾嶸在《詩品》中論及晉代阮籍《詠懷》詩時如是評價："言在耳目之內，情寄八荒之表。洋洋乎會與《風》《雅》，使人忘其鄙近，自致遠大，頗多感慨之詞。"可見一個詩人的優勢長處在於有"情寄八荒"之開闊視野，善用語言而進入博大之詩境，方能產生"自致遠大"之精神境界。縱觀臺灣現當代詩歌多元而

---

[7] 綠蒂：〈冬雪冰清·序〉，出處同上，第 430 頁。

複雜的格局，非三言兩語能述盡。不可否認的是，有些詩人在創作過程中，多少有模仿西方語言或翻譯語傾向，但大多數現代派詩人還是根繫於中國文化語言，追求意象語言的東方韻味，或重視古典詩詞的藝術修養，或善於將西方文化與現代詩歌藝術特長，吸收並融化為本土藝術，以鍾情母語的方式，顯示出自身的文化命脈與氣韻，突顯出東方意蘊或東方美學神韻。在這方面，即在詩藝的追尋和求索方面，詩人綠蒂應是具有代表性的一位。《四季風華》作為詩人近作與以往佳作的選本，就是最佳的印證。"從古老的唐宋／從遙遠的洞庭／七弦琴音款款走來／褶皺了湖面的閑雲／倒映著雁行的晚秋"（〈洞庭秋思〉）。他始終徜徉在現代與傳統、自我與世界之間，在意象語言上展示出盎然的詩意美，頗為理想地表達出漢語的豐富內涵、詩性品質和生命色彩。"在湖的千島看千島的湖／是一面面綠的、藍的、或金色的流漾／是一面以水紋與風姿織成的圖案／波光掩映／湖，浸染成深秋的畫卷"（〈千島之湖〉）。詩人目光所及，波光水影，色彩斑斕，動靜諧趣，讓蕩漾的文字放射出詩性的奇異光彩來。

　　一花一世界，一鳥一乾坤。引人注目的是，綠蒂近期的詩在對自然山水生活的描繪中，把詩境引向一種禪悟之境，蘊涵著深邃的哲思和禪意。或者說，禪宗思想在不覺不知中滲透到他的詩作裡，時見禪語，時見禪理，彷彿天地間的梵音禪聲，一陣又一陣落入心空。只因飛翔與漂泊，已濕漉成一種美麗而堅持的沉迷，詩人在〈山寺夜雨〉一詩中這樣寫著："沿階而下／塵事迤邐如雨／石面淨澄如鏡‖五色鳥會不會搭乘最晚的班機／來叩訪今夜泊宿的窗口／暗夜裡的鳳凰木／是否誇張地染紅了山門的一隅／光照中透如燈籠的彩繪／是脫殼的蟬翼／還是禪定的化身／匆匆掠過屋簷的／是鳥還是蝙蝠／均已非關山居歲月的議題"。而在〈和南寺的午與夜〉裡，詩人置身其中，自性自渡，從中感悟到"沉思不語的山寺月色／悄悄地白淨了大地喧雜"。再如〈雲上之梯〉對於"有"與"無"的思辨："未曾擁有／何來失卻的黯然／自掌握間／隙溜過的／只是風／即興的心動或偶拾的盎然"。令人想起一位禪者的話：不是風動，不是幡動，是心動。禪宗宣揚人心是成佛的基礎，要求保持內心的平靜與清澈。正所謂"淨靜定悟慧"是也。人既然身處於喧囂混濁的塵世中，就意味著靈魂與肉體隨時可能落滿塵埃，但靈魂的自我救贖卻可以為我們撣去身上的雜念，讓精神趨於一塵不染。有道是："春風大雅能容物，秋水文章不染塵。"禪機悟境，每每流露於綠蒂詩歌的字裡行間，由此生發的聲音，不妨稱之為"禪聲"。它驅使著其詩進入富有哲理意味和藝術情趣的境界。我們從綠蒂那首堪稱抵達心靈聖境的代表性詩作〈和南寺鐘聲〉中，去體味詩人如何通過詩境詩美詩情的營造，且含蘊神悟而敲響的"禪聲"——

　　蟬聲與禪聲／鳥語與誦音／混凝成野百合清香的午後／寺院飛簷掩映天際的湛藍‖立在這方高高的淨土／是心離天空最近的地方／是意境最遼闊的清晰視野／黃昏款款走近／秋意悄悄襲來／披上金色夕陽的海／遠眺成變幻多端的色相‖暮鼓的節奏／擂動追夢的心思／晚鐘的迴盪／喚醒孤寂的無常／山風欶欶垂落的／是遠方鄉愁的聲音／回首的暮色／流淌在遠處／模糊又清晰地／逐

漸亮起夜初的燈暉／將往事拓印成典雅的紋路／風隨鐘
聲夜泊／於和南寺美麗的清寂

　　總體上觀察，綠蒂詩歌輕盈而靈秀、唯美而豐沛，又不乏某
些形而上的凝思。他的詩彌漫著自然山水氣息，營造了一種"綠
蒂式"的個人聲音詩學（實踐方式）。它們附著於不同的生命情
境中，貫穿在日常生存場景之中，或溫麗典雅，或飄逸浪漫。綠
蒂的詩固然輕盈飄逸，但這種輕盈飄逸並非是沒有重量的，而是
裹夾著生存之思，是對時間意識及其對人類存在的思考。或者
說，詩人能夠穿越各種感性經驗層面，立足生活，融入自然，尋
思人生的本源問題，探尋存在的終極境域。重要的是，綠蒂並沒
有動用那種帶有啟蒙色彩的表達方式，也沒有把形而上之思引向
深奧玄幽的意象，讓詩過分承受思想或意識的負荷。詩人明智而
巧妙地避開了過度崇尚玄奧或隱晦的審美慣性，從置身其中的生
活現場出發，呈示詩人對於人生的智性思考和追問，甚至漸入一
種禪悟之境。我們從他那些具有代表性的詩歌文本裡便能獲得解
釋。可以肯定，綠蒂的詩善於化輕為重，是屬於舉重若輕，或者
說是以輕載重。這是詩人的一種精神姿態，更是一種詩性智慧，
一種穿越時空、坐看天地的藝術策略，同時折射出詩人獨到的審
美心性和生命意識。此外，由於詩人的思維超越了世俗的羈絆，
在詩歌中將日常生活審美化，展現出生命在大自然與現代社會中
的雙重體悟，既有鮮明的現代意識，又具有一種古典美的氣象。
因此其詩如其人，顯得溫厚平和、穩重沉著，以及帶有虔誠之心
的仁慈與情懷。

　　在當代臺灣詩壇，綠蒂是一位值得關注的詩人。這不僅在他已走過的半個多世紀的創作歷程中，從未放棄過對於詩歌的執著追求和嚮往，更可貴的是，他始終保持一股旺盛的活力，一邊熱情地為海峽兩岸文藝界的友好往來和交流搭橋牽線，為推動華文詩歌的繁榮發展殫思竭慮乃至付出心血代價；一邊在自覺的探索、思考和創作實踐中，不斷尋求如何超越自己、完善自我人格魅力和提升生命境界。

　　一個人能與詩為伴且活在詩美裡，是幸福的；一個把詩視為生命的詩人，是值得稱道的；一個始終堅守並走在通往家園的路上，不斷地發出真性情的個人聲音，更讓我們感到慶倖和歡欣。

蟬鳴如雨　禪意若雲

——綠蒂《四季風華》略論

譚德晶

伊索問客道：您聽過蟬嘶鳴嗎？

客答：當然聽過。

伊索興奮地說道：當清幽而又尖利的蟬鳴在夏日那一片美麗的綠濤中鋪天蓋地的漫過來時，還有什麼比它更美麗也更適合於這鬱鬱皇皇的夏日風景的呢！

可是，先生，客人說，您的讚美固然是不錯的，但是，和小鳥啁啾婉轉的鳴唱相比，您不覺得蟬鳴有一點兒單調嗎？

單調？難道你沒有聽出夏日蟬鳴的聲音，充滿了它全身心投入的那獨一無二熱情，同時也充滿著那和空氣綠葉相顫動的韻律，當它伴隨著清風漫過來時，難道您沒有聽出它就是夏日風景最好的闡釋和歌唱、或者可以說是夏日風景的美學嗎？

客人說：先生，您說的對，我不知道在一片蟬鳴中也包含著這麼大的學問呢！

一

　　當然，伊索是沒有這麼一個寓言的，但是，當我在閱讀綠蒂先生的《四季風華》時，這樣一個假托的"伊索寓言"便不知怎麼出現到了腦海裏。

　　為什麼要用"蟬鳴"來比喻綠蒂先生的詩作呢？首先，是因為綠蒂先生詩中那給人以整體感的大規模對自然風景的描寫和讚美，讓我覺得他就像一隻藏身於夏日綠海中的蟬一樣，那麼多美麗圍繞重疊在他的四周，他幾乎覺得觸處即景，無處非春，因而他就如一隻夏日的蟬一樣，要無盡地唱起他的自然之歌了：

　　裁剪整幅的藍天／做最寬闊的帳幕／以屋頂赭黃的琉瓦／鋪成背脊不陷落的硬床／星燦是不需電源的嵌燈／流雲是容易滑走的被／蟬鳴鳥啾交錯音階／海濤喋喋不休／是輪迴不歇的催眠曲帶／椰樹梢葉擦撞婆娑／飄搖夏夜妙曼悅耳的風鈴（〈擁星月入懷〉）

　　　　千百隻飛蛾撲光的演出／是驟雨預告的精彩片段／夜雨瀟瀟／置就成一張細密的網／籠罩了寺院山色的新綠／與期待星垂海景的落差／……塵事迤邐如雨／石面靜澄如鏡（〈山寺夜雨〉）

　　　　陽臺上的野鴿子／啄食著黃昏遺漏的光輝／振翅聲驚起香雲樓拉長的身影／以及客居慵懶的午寐／晚紅在遠海依依低垂／暈染整片山寺壯麗的霞光

　　類似這樣美麗的寫景詩行，在《四季風華》中觸目皆是。

　　這類寫景詩的最大特點，是觸目即景，處處生春，大大拓展了寫景詩的範圍，帶來了寫景詩的極大豐富。中國本是一個寫景詩的國度，從謝靈運以來，寫景一直是詩人們所熱衷的，幾乎每一個詩人都會留下一些精彩的寫景詩篇。但是從現代詩出現以後，這一路徑似乎出現了轉向，大約因爲現代更加注重強烈情感的抒發，個性的表現，因此，主觀情感相對外在的寫景詩有衰落的趨勢。綠蒂先生的《四季風華》，似乎在提醒著現代詩人們，環繞我們的大自然山水，春夏秋冬的四季美景，仍是我們詩意的重要來源。此外，我們還要注意的是，綠蒂先生的寫景詩篇，并不是古代寫景詩的白話版本。古代寫景詩有兩大特點，一是它的"尚巧性"，一是它的名勝色彩。所謂"尚巧性"，就是古人寫景很少寫普通的景物，很少以景物純然客觀自在的形式出之於詩，而多注意於景物能"入畫"的巧妙特性，注意於景物之間的那種巧妙關係（即錢鐘書先生所謂"假物生姿"），例如謝靈運的"暝際雲間宿，弄此石上月"，"密林含餘清，遠峰隱半規"，謝朓的"天際識規舟，雲中辨江樹"，孟浩然的"微雲淡河漢，疏雨滴梧桐"，王維的"白雲回望合，青靄入看無"，等等，都具有這種尚巧和假物生姿的特點。而所謂名勝性就是他們筆下的山水往往是具有著特殊風景的名山大川。而綠蒂先生筆下的風景，却往往都是普通的自然景物，它們就是大自然中觸目即是的山水、樹林、落葉、雨雪等等。綠蒂先生自然風景詩的這種特性，不僅帶來了自然景物的豐富性，也更加貼近自然美麗的本質。詩人馮至在《山水》後記中說："真實的造化之工却在平凡的原野上，一棵樹的姿態，一株草的生長，一隻鳥的飛翔，這裏邊含有無限的美。所謂探奇訪勝，不過是人的一種好奇心，……因爲自然裏無所謂奇，無所謂勝，縱使有些異乎尋常的現象，但在永恒的美中並不能顯出什麼特殊的意義。"綠蒂先生的寫景詩，給我們呈現的絕大部分都是大自然的這種普通因而更具本質性的美。它教會我們體認，在大自然普通的山水之中，蘊藏著無盡的詩意的美麗。

下面我們來談一談綠蒂先生寫景詩的情感問題，我覺得在此一點上，綠蒂先生也異乎尋常。我們一般人對自然美景的喜愛，要麼是某處自然具有著某種超常的性質（所謂名勝），要麼因爲自然的美麗愉悅了我們的身心，而且這種喜愛讚美的情感，大都帶有表面化的走馬觀花的特性，說得更簡單點，就是自然美景，大都只是作爲我們繁囂生活的一種調劑品而存在的。但是綠蒂先生對自然的感情，却似乎與他的生命緊緊聯繫在一起，就如我們前面所用的那個關於蟬的比喻，蟬處於夏日美麗的綠濤之中，景物作爲一種與它的生命緊密相連的存在，它就不能不歌唱了。在綠蒂先生自己所寫的幾篇序中，處處都透露出他的這種對於自然的激情。在這本《四季風華》的開篇，綠蒂先生便這樣深情的寫道："《春天記事》《夏日山城》《秋光運影》《冬雪冰清》皆是我四季的詩情，亦皆是我生活行旅與心境的寫照。……所見所聞，風花雪月在展現的下一秒，即成過眼雲烟，所以記憶是唯一的真實，意念是瞬間的不滅。在《四季風華》裏，我以詩來記載每一則生命的感動。……我窮所有的時光，就是爲了構築一座幽雅的詩屋或一座孤寂的城堡。……詩屋可以收納，也可以釋放。收納所有的風聲雨勢，收納所有的雪落霜降，以及海上升起的明月。"這樣動情的傾訴,在他的幾篇序文中都存在,在他的無數詩中,我們處處都能感受到他對自然的這種傾心熱愛。如〈告別秋天〉:

海鷗／銜著微風透明的想像／流雲／追逐波濤湧起的白浪／靜坐在山寺的納風亭／素描東海壯觀的日落／斷續嘶吶的晚蟬／在欖仁樹下敘舊／跌落的紅楓與槭葉／相遇而不相識／……星辰才顯出深邃的美麗／總是遙不可及／又似咫尺比鄰

再如他的〈風雨故人來〉:

風推浪痕雪白了海岸／雨洗林色翠綠了山嶺／故人是我是回歸山城的我／來的是情怯而濕漉的行腳／／欖仁樹的紅葉跌落滿地／木麻黃的絮語匍匐低吟／小暑日的陽光宣告退隱／強風洗去亭上禪坐的印痕／松鼠攀上密林的高枝避雨／麻雀振翅飛翔在淒迷雨中／海浪濤濤淹沒傾訴的蟬嘶／洶湧的思念波動海上的九級風浪

這些詩句中所包含的對自然的愛和審美激情,除個別的通過直接傾訴外(如"總是遙不可及,又似咫尺比鄰","來的是情怯而濕漉的行腳","洶湧的思念波動海上的九級風浪"),更多的是融匯在他似乎急切的描繪中,融匯在他連綿而至的傾訴式的韻律中。這些景色,其實也就是我們日常所見的自然場景,如果不是對之懷著戀人般的熱愛,是不可能寫的如此深情又如此美麗的。這種對自然的深情正如他在〈春天的秘密花園〉中所自述的:"我有個更隱秘的花園／僅有春天和我知曉／以詩為守門的密碼／種植的是愛的氛圍／耕犁的是深情的風景"。

二

上面我們主要從本體方面大略談了綠蒂先生寫景詩的特性，在此一節，我們則側重從藝術方面來探討一下綠蒂先生寫景詩的特點。

綠蒂先生寫景詩在藝術上的第一個特點，就是調動了現代詩歌藝術的多重感覺來織成一幅交錯交響式的圖景，這裏的"多重"既是主觀與客觀的多重，亦是人自身的視覺、聽覺、膚覺、內感覺等的多重。這豐富的感覺藝術，使他的寫景詩大大超越了純客觀的照相式的寫景方式，別成一種生動絢爛的圖景，且從語言的新穎組合中，構成一種現代詩歌才有的特別張力。如他的〈在有你的夢中〉的第一節：

> 春天還是來了／雖然沒有我期盼的燦爛風景／鳥語花香的首演還是轟動了大地的票房／溫暖的綠色肌膚擁抱了草原／蝴蝶們匆忙的眷顧間／誰吹散了攀爬在陽臺上所有的／紫藤花青翠的圖像語言

從寫作對象上說，以上的詩行寫的不過是春天到來，且景色也是我們日常的景色，但就是這些"平常"的景色，通過詩人感覺的多棱鏡，卻成為一幅有聲有色有溫度主客交融的美麗圖景。第一、二行屬一般交代，無甚要緊處。但第三行在感覺藝術方面卻大有講究：首先，這裏面包含著一個或兩個視覺與聽覺的交混，"鳥語花香"主要是一幅視覺畫面，但"首演"和"轟動"却主要是聽覺感受；春天到來的"大地"本也是視覺對象，但"大地的票房"却將春天的繁華似錦轉化成了更動人的聽覺形象。此行詩的巧妙還不僅此，這裏面還融匯著濃厚的主觀色彩，"鳥語花香"當然是客觀景象，覺畫面，但"首演"和"轟動"却主要是聽覺感受；春天到來的"大地"本也是視覺對象，但"大地的票房"却將春天的繁華似錦轉化成了更動人的聽覺形象。此行詩的巧妙還不僅此，這裏面還融匯著濃厚的主觀色彩，"鳥語花香"當然是客觀景象，但"首演"、尤其是"轟動"却帶著很濃的主觀感情色彩，因爲"轟動"主要表現的是詩人在繁華似錦的春天面前那種强烈的喜悅、驚奇感受。另外我們要注意的是，主觀感受的融入，並不偏離景物的客觀的真實性，而是更能表現出客觀事物更深的本質，說"鳥語花香的首演還是轟動了大地的票房"，就比單純的說鳥語花香、繁花似錦等純客觀描寫更能表現春天到來那驚人的美。第四行"溫暖的綠色肌膚擁抱了草原"也融匯了多重感覺，草的"綠色肌膚"當然是視覺對象，但"溫暖"却包含了膚覺，同時"溫暖"和"擁抱"又融匯著詩人的主觀感受。所引的最後三行是一個整體，它意在表現"紫藤花"仿佛突然綴滿枝頭那令人驚艷的情形。寫蝴蝶那行，除了提示一種時間關係，還有著將蝴蝶的美與花朵的美相映襯的作用，"誰吹散了"則是一帶有濃濃主觀色彩的用語，意在表現藤條上仿佛突然灑滿了花朵給詩人的驚奇感受。"紫藤花青翠的圖像語言"也不是單純爲了語言的新奇，這裏面含有主客關係，仿佛紫藤花美麗的花朵在向詩人說著什麽，在表現著什麽，仍然是在强調詩人主觀那難以言喻的美的感受。此外，這種調動多種感覺的寫景方法，同時也帶來了語言的新穎組合，這種新穎超常組合，在形成一種交織性圖景的同時，語言本身也更具審美張力。

　　這種多重多維式的寫景，實是綠蒂先生寫景藝術的一大特點。爲了使我們的此一分析更具說服力，我們不妨再舉幾例：

> 炊烟細瘦而屛弱的飄升
> 喚出秋色無風的寂寞
> 滿山轉黃變紅的樺林
> 彩繪了夕陽依依的靜謐
> 飛揚的鷹翼像飄忽的黑絹花
> 在曠野上標示著騎手的驃悍
> 與孤獨的蒼茫
>
> （〈白雲間的驛站──記圖瓦族部落〉）

　　以上這些詩句，亦運用了這種多重的主客觀融合的感覺，既寫出了詩人主觀的感覺，更寫出了風景的特性。第一、二行是一個組合，意在表現圖瓦族部落的那種原始寂寞意味，說炊烟“細瘦而屛弱”的飄升，不僅很好的刻畫了農家炊烟的那種裊裊升起的“形”，更是通過主觀感受表現出圖瓦族部落那遼遠荒凉的“神”，說它“喚出秋色無風的寂寞”，實際是說它加強了、提示了“秋色無風的寂寞”，同時又把“細瘦屛弱的炊烟”與“秋色無風”的寂寞之景交織起來，構成一幅更有立體感寂寞的圖畫。第三、四兩行也採用了同樣的感覺和語言組合藝術，立體的寫出了圖瓦族部落傍晚的靜謐。最後三行，則把高天翱翔的鷹與地上“騎手的驃悍”交織組合起來，構成一幅天高地遠的孤獨與蒼茫以及游牧人的驃悍圖畫。這種主客交融的交織組合的寫景

法，大大增強了寫景詩的藝術魅力，使寫景詩這一傳統領域展現
出新的圖景。再如：

> 一行詩句打亂
> 滿滿一窗等待排列的文字
> 一個午寐錯過
> 盈盈一池豐美迎風的夏荷
> 望海的眼眸
> 透藍成一雙絕色的寶石
> 雁行的展翅
> 在天空布滿鄉愁的象形

　　以上詩句，節選自〈望雲〉一詩。它每兩行一組，其共同的
特點也是以主客觀融合的方式來寫景。所引詩的前兩行，是一個
較特殊的主客觀組合的寫景詩句，說它特殊，是詩人用貶抑主觀
的方式來烘托客觀景物之美。說"一行詩句打亂／滿滿一窗等待
排列的文字"，其意是說充盈於窗口的美景（雲或其他景物），
其本身就是完美自足的，也是美得難以言喻的，人對它的形容表
現，不僅難以再現它的風貌，反而對它完美自足形成了一種干
擾。通過這一主客觀融合的表現，自然的美就得到了更充分更本
質化的表現，詩人自身對自然美景的熱愛，也得到了很好的表
達。第三、四兩行也是一個絕佳的主客組合。說"一個午寐錯過
／盈盈一池豐美迎風的夏荷"，一方面表現了詩人對夏荷的喜
愛，另一方面，更通過人的"錯過"，呈現出"夏荷"在無人的
寂靜中，那豐美靜謐的美，很有點類似於"平林新月人去後"所

表現的意境。不過"平林新月人去後"最終還是爲了寫戀人的寂寞惆悵，而綠蒂先生的這行妙句，則是以夏荷的美爲本體的。第五、六兩行，亦是一個很別致新穎的組合，我們通常爲了表現海的"藍"，只會在"藍"的客體上下功夫，或運用各種詞彙，如"藍藍、蔚藍、湛藍"等，或調動一些比喻來形容，如藍緞子、藍綢子、藍染料等。但綠蒂先生則反過來，他不再在客體本身上下功夫，而是從主體方面用力，寥寥十多個字，就寫盡了那難以表現的大海純淨蔚藍的美，彷彿大海的那藍寶石般的藍浸透了詩人的眼眸。這樣寫就比我們一般的寫法更傳出了海之藍的神韻，且語言也更新穎凝練有力。

　　需指出的是，這種多重感覺的交織性寫法，也常常使傳統的比喻、比擬更新奇精警。如下面詩句中包含的一些比喻或擬人："原來十年的夢從未醒來／就算穿過秋天凋萎的預言／也無法在寒冬的霜雪中／燃燒黃昏的回眸取暖／遍地的野花／白髮披伏的蘆葦／恆是美麗與哀愁的宿命"，"秋天凋萎的預言"可看成是一個比喻，亦可看成是一個比擬。無論是當比喻看還是當比擬看，它的產生都有賴於詩人對於秋天感覺的主觀性滲入：因爲秋天本身雖還不十分凋落，但在人的主觀感覺上，它已有寒冷凋落的意味，已經預示著冬的寒冷凋落的到來。這一個巧妙比喻或比擬的得來，就是在這樣的感覺中產生的。"黃昏的回眸"亦可看成是比喻兼比擬，說它是比喻，是把黃昏光的返照，比作人離開時的"回眸"，把它看成比擬，就是把黃昏本身擬人化了。不論怎樣理解，也都賴於詩人主觀感覺的參與。而"無法在寒冬的霜雪中，燃燒黃昏的回眸取暖"，又是在"黃昏的回眸"上再一重比喻（把黃昏的光線比喻爲火）：因爲黃昏的光線微弱，熱度大減，因此，在寒冬的霜雪中，它不大能給人以溫暖的感覺。這一複雜巧妙比喻句的生成，主要也是詩人主觀感覺的滲入而造成的。把“蘆葦”比喻成“白髮披伏”，又把它和“野花”一起比喻成“美麗與哀愁的宿命”，也有賴於詩人主觀感覺的滲入。類似的比喻和詩中很多，限於篇幅，我們不能不忍痛割愛。

三

　　綠蒂先生寫景詩的另一重要特點，就是他在許多寫景詩中，自然而然地融入著他對人生的領悟。我們之所以用“禪意若雲”來描述這些領悟，是因為它們的確具有禪意或禪詩的一些特點：第一，這些領悟都不是一種說教，而是如禪一樣基本都是在自然山水中自然觸發或生發的。第二，這些領悟不是一般的所謂“哲理”，而大多涉及生命的意味、生存的意義和本質。第三，這類領悟亦如禪詩一樣，具有透徹、澄靜、淡然、飄忽若雲的特性。當然，它們也有與真正的禪不大一樣的地方，這就是禪或禪詩總是闡發禪宗義理的，不外空靜、隨緣、乘化、逍遙、自由、寂滅一類。而綠蒂先生的這些領悟，雖然也有一些真正的禪意，但也包含著不少禪意以外的東西。例如下面節選自《山寺夜雨》的例子：

　　塵事迤邐如雨／石面靜澄如鏡／五色鳥會不會搭乘最晚的班機／來叩訪今夜泊宿的窗口／暗夜裏的鳳凰木／是

　　否誇張地染紅了如燈籠的彩繪／是脫殼的蟬翼／還是禪
　　定的化身／是鳥還是蝙蝠／均已非關山居歲月的議題／
　　／只因飛翔於漂泊均已濕漉／濕漉成一種美麗而堅持的
　　沉迷

　　這裏面，的確是包含著一些禪意的，它裏面含有詩人在山寺夜雨中對人生的領悟，對自己生命的某種參悟。但它沒有說教，沒有抽象的議論，而是自然地將其融入到自然山水之中。"塵事迤邐如雨／石面靜澄如鏡"就如王維的一些禪詩一樣，表現了一種塵事飄然於身外，心境靜澄若石面的意味。接下來的四行，用五色鳥和鳳凰木以及相關的色相語言，表明塵世的繁華喧囂都已無關身心。人生的輕與重、變與定、美與醜（"是脫殼的蟬翼／還是禪定的化身／是鳥還是蝙蝠"），也都不在自己的心靈的疆域之內。那麼詩人在這樣一種世界與人生的領悟中，到底關注什麼，傾心於什麼？則在最後三行給予了回答，它關注傾心的是一種"美麗而堅持的沉迷"，即沉迷於寧靜澄澈的山水之中。這樣的詩，就如王維或一些其他的禪詩一樣，也是極有意境的，同時又是不著痕跡、飄忽淡然的。當然，這些蘊含著禪意的詩句，與真正的禪還是有著一些區別，禪只是一味地怡性忘世，而在這裏，我們分明地感到詩人對大自然的那一份熱愛與感動，這種情熱，却是冷情的禪詩所不具備的。又如下面的一些例子：

　　我揭開海天一色的書／讀倦了一下午鹹味的風言風語／
　　風翻到那夜就讀那頁／重複閱讀了十年的故事／依舊是
　　書頁邊模糊的指紋／／……爲每一個鍾愛的海灘／我寫

一則故事／但從不因另一個更清澈的海／或更細白的沙
灘／以往那個寂寞的午後（〈那個午後〉）

問雲何所似／真假、遠近或者形狀／均已無關詩情／在意
的是／我在看雲／在想哪一片白茫／是真正乾淨無罣的
境界（〈望雲〉）

呼嘯的海風打翻墨黑的染缸／淹沒海景的晶璀／也淹沒
歲月的黃昏／徒讓躊躇的海鷗／尋覓複尋覓／夢中星河
的圖騰（〈黃昏與海〉）

　　上列的第一例，表現的大約是人生的隨緣與淡然，這很有一
點真正的禪的意味，
　　但在這種隨緣與淡然中，却又有著一些情感的留戀與執著，
這却又超出了禪宗的
　　意旨。第二例〈望雲〉，以雲作爲意象物，很有禪詩的味道，
就如王維的"淡然望遠空／如意方支頤"、"行到水窮處，坐看
雲起時"所傳達的韵味。不過，末尾的幾行，似乎又有著現代人
某種超越性的追求。第三例，只是在表現方式上仍是禪詩的路
數，但其意旨，却是禪所無法範圍的了。它所表現的似乎是詩人
靈魂某種不懈的對超越性的尋覓，其意境使人精警莫名。
　　綠蒂先生的絕大部分寫景詩，實都不僅是寫景詩，它們都融
匯著這樣那樣的禪意。這使先生的寫景詩篇，在以自然美爲本體
的充滿激情的書寫中，又滲入了濃濃的哲理與玄思，滲入了多樣
的人生況味和領悟。這就使他的"寫景詩"超越於一般的寫景，

而躍入到一個更高的境界。綠蒂先生寫景詩的這種品格，實在不是一種偶然，一方面它們肇因於綠蒂先生淡然却堅守的的人格，正如綠蒂先生自己所表達："愛與悲哀的情緒從來十分安靜而內斂，不曾意氣風發，也未見傷心落淚。只會悄悄地隱喻在抒寫的文字中或自己也理不清的詩意裏。"另一方面也成於它自己的風景哲學。這種"風景哲學"，他在他的一些序文中，有著最好的表達，他在《四季風華》總序中說："詩屋可以收納，也可以釋放。收納所有的風聲雨勢，收納所有的雪落霜降……詩屋也可以釋放，緩頰曾經的青春與放浪，告解錯位的愛情與鄉愁。可供心情安居，也可以游牧。"又在《冬雪冰清》的序中說："……在收納櫃中，時間的封印，讓陌生的成爲熟悉，讓粗糙的成爲圓潤；驚濤成爲靜浪，憤恨釋爲寬容，所有濃稠的歡笑與苦難，被稀釋爲流動的回顧之河。"從這些自述中我們可以看出，正是這樣漫長的人生旅歷和哲學，成就了綠蒂先生的風景美學以及他富於禪意的"風景中的風景"。

追風逐雲的詩踪

黃 光 曙 (廣東)

> 雲的旅行沒有疆界
> 無須護照與簽證
> 隨遇而安的行程
> 只在意自己潔白而乾淨的行走
> ——〈雲的旅行〉

　　俗世生活的忙碌，繁瑣，以及讓人不得不甘於平庸的碎片化時間，都不停歇地日夜蠶食去了我們的精神元氣，更別說生活的大染缸早已攪得一塌糊塗的平凡化了。在沉默的大多數圍觀式的簇擁中，誰？還記得當初年少時的一盞燭守的燈紅?還能記得當初驛站的一剎那回眸？尤其是在年近耄耋的黃昏，誰？還能一路即使迷茫於旅途的風塵，也"只在意自己潔白而乾淨的行走"？為了當初那個"青澀的微笑"，而"趕在""遺忘至愛之前"，將旅途的每一次重逢都詩意地投影於清白的紙上，以期記住當初那個要追求永恒的諾言？

臺灣詩人綠蒂先生，就是這樣携帶著雲遊歲月的印記——

> 將連載數十年歲月的漫漫長篇
> 婉約成一頁海濱散記
> 隱喻成一首詩
> 精簡成一句話
> 述説一切的發生與記載
> 只因爲有愛
> ——〈香雲樓記〉

這是一種緣自於愛的基本意義上的詩心。既是赤子之心，也是長者之心。這種究其一生也必須要付出真摯努力的"源始"之愛，可以說是能夠讓我們安居心靈的最佳形式，沒有之一。作為承載世俗職務與詩人身份的雙重（甚至多重）身份的載體，綠蒂先生畢生效力於這種形式的更迭與嬗遞。常年都必須要奔波出遊的勞頓，雖然使得他的平常生活有了更多曝光出彩的機會，但較之於真正詩性生活的平靜時間的整體性而言，却顯然是不足稱羨的。而他不忘初心的初衷，却依然執著於當下的詩意進行時：

> 漂泊只為因風而起的偶然
> 孤寂是雲出岫美麗的段落
> ——〈山與海〉

> 詩的溫暖讓我安度雪原冰山的酷冷
> 詩的安寧讓我無懼穿越死亡的幽谷

我愛故我思
我詩故我在
——〈我詩故我在〉

　　這種詩意的尋找，他更多的執著，鍛冶了他骨子裏的秉性與堅持。這不僅僅只是上天所賦予他的與生俱來的一種基本素養。這同時既是他勇敢面向世俗生活的宣言，也是他對於理想生活的的基本態度：

不識水性
却愛海的蔚藍
沒有航圖
却愛孤帆遠航
——〈航海日記〉

自怡於寂寞的重複
不驚訝迴峰與路轉
擁有自製的光源與溫暖
張貼自己的風景與天空
——〈詩的迷宮〉

　　這種"航海日志"式的詩樣札記，由此成了他"生命的代言人，是我對人類、大地、山川河流永遠的眷戀。是我七(八)十歲從未捨棄的至愛"（綠蒂先生語）。這是他在長期的"詩與遠方"

的感應下所凝聚精神的獨立自傳。那種 "萬物唯有心知" 的當下
感應，是他不惜窮盡一生時間的主要精力也要追求詩意的最大化
從而極力重構時間意義的精華所在：

> 我詩心在浩瀚大海中
> 已獨坐成遺世的孤島
> 風中的城堡在酷熱沙漠裏
> 只剩下傾圮的斷垣
> 屹立不倒的仍是堅持的初心
> ——〈十八到八十〉

　　作為耄耋之年的老者，綠蒂先生從一開始就不避諱自己八十
歲的高齡。要知道，一般來講，寫詩的激情與年齡的遞增是成反
比的，尤其是對現代詩的寫作而言，這幾乎已成了一條很難繞得
過去的溝坎。隨著內在年齡的漸長與外在業力的干擾增多，當初
青春我們的詩意之血可能已經再不復為澄澈的平靜了。那曾經輕
易就能浮泛起詩意的小溪苔蘚，或許已隨退潮般的年齡漸漸像枯
石一樣褪去了綠艷艷的濕潤。但我們在通讀綠蒂先生大部分的詩
篇後卻欣喜地發現，哪怕對於即或失去記憶的恐懼，也絲毫未能
阻止詩人從窗前的晚霞中所昇華出來的詩意時光的降臨：

> 待把生命火化後
> 撿取詩的舍利子
> 不為頌揚崇拜
> 串成記憶的項煉

只為你一生深深的牽掛
　　——〈我與你〉

　　這無疑是詩人生命的一種理想的睿哲思索。這種涅槃式的生命沉思，是詩人自然而然的終極關懷式的歸宿之一。緣於這種與時間俱進的終極歸屬感，和致力於永恒的努力，以及年復一年毫不鬆懈的生命本真的熱情，綠蒂先生的詩，顯然比其同齡的詩人擁有了更多的滄桑意象，能在衝突的色塊中尋找到平衡的焦點，在反襯的意象中尋求内心的平靜，並在互文的解構中烘托出任憑歲月也掩蓋不住的曾經青春的種子。火光。和。夢幻。

　　　昨日的雪呈現今日夢的顏色
　　　往事的重量輕如細雪
　　　思念是惟一的火種
　　　供蕭瑟的冷以詩取暖
　　　預言一絲一毫地累計
　　　從容為無休止符的告別
　　　　——〈雪地投影〉

　　為了這告別的聚會，綠蒂先生經常不顧旅途中的辛苦勞頓，獨自沉湎於眼前的怡人風景中追思著既往的足跡。這種足跡，沒有表面榮光的喧囂和浮躁，沒有觥籌交錯的浮華酬酢，沒有違心的阿諛應和，沒有漫不經心的蜻蜓點水式的握手……他的詩，因而更多地呈現出了一種本質意義的的存在：質樸，篤摯，却又若隱若現著一絲蒼凉的固執：

恒如遠方暗夜天空的孤星
閃熠溫暖地指引
永不迷失回家的路
窮一生時光
仍編纂不成輝煌的巨著
只在人生漫長的卷軸
隨處補白
　　——〈風寫的詩〉

　　正是在對諸多不可名狀的各種事物的感知/覺知之中，在無窮無盡的風景移動的演繹中，追風逐雲的綠蒂先生執著於最初的詩心，儀式般地在空茫大地的背景中鏤刻出了他心目中的特寫。這些特寫細緻、細膩而又充滿著曠達的激情。只不過因由年齡的隨和，歲月的自然粗糙已被他自己的江河反復淘洗，從而變得沖淡，恬靜，而精緻了：

夜鷺在月華初上裏
低掠而過
徒留書寫的文字在靜止的心房
將每個愛璀璨成漫天星光
　　——〈終站〉

漂泊只為迎風而起的偶然
今夜不須記憶，也無須回顧

烏柔的長髮是倦旅的避風港
如窗外初雪的笑容是千年佳釀
　　——〈讀我〉

　　但這些象徵意蘊豐富的意象却不能總是限制住他不斷探尋遠方的腳步，也不能總是遮蔽他不斷翻湧出的詩路激情。旅途中更多的羈絆，停留，都無一不在不斷造訪的各地名勝古跡中留下了沖淡的記事思緒。這些淡定情緒的激情詩篇同他所詠嘆感懷的對象一樣難掩恬淡的胸襟。看似普通的旅途風物的描寫 —— 山，海，風，站台，清溪，—— 尼羅河 —— 波士坎 ——，却不普通地蘊藏著無盡的沉思深度，使他的激情悄然退隱於一杯沖淡的釀茶：

誰在庭院裏放飛一隻會吟詩聽課的風箏
直上歷史的天空

歸途瀟湘雨歇
回首書院優雅的身影
已如水墨暈染在暮靄裏
山城下逐盞亮起的燈火溫暖
迎向不須告別的旅人
　　——〈三訪岳麓書院〉

　　這杯釀茶，與他完美的人生閱歷恰成正比。身為桂冠詩人的綠蒂先生的現在進行時，有一份令人稱羨的世俗詩人職務，有一個完美不留遺憾的的圓滿家庭，有一種堪稱人生贏家的詩歌事業。但他仁慈而諄和的虛懷氣度，卻並沒有被世俗生活表面的浮華所遮蔽。每每透過生活本質的漫溯，每一份風景的流連，都能被他的銳利詩眼一眼洞悉：

> 寂寞的花永遠落在寂寞的土裏
> 十八與八十均是短暫的時光過客
> 不遺憾流星滑落
> 不嘆喟燭光將熄
> 只為仰望過
> 滿天璀璨星辰，隨時都在
> ——〈十八到八十〉

他的憂鬱因此隨著漫溯的"寂寞的花"逐漸在他的清白的書紙上洇散開來。這是詩者在任何的僕僕風塵抑或碌碌紅塵中都始終難以掩飾的"存在之思"。

同大多數詩人的詩性之思一樣，綠蒂先生也認為時下流行的科技革命的快餐式文化活動改變抑或加速了歷史文明的既定澄清方向，讓更多的追尋"存在之領悟"的社會生存活動變得越來越令人難以捉摸了，既搖擺不定，又稍縱即逝：

> 科技改變了風貌與速度
> 却無法改變
> 二百年前貝多芬交響曲
> 原有的生動與震撼

也無法疏離
已風乾貯存了數十年的
那個青澀的微笑
　　——〈風的旅程〉

　　在他眼中，無論現代科技文明如何飛躍化地給予了我們便利、快捷而優裕的生活，泛物質化時代的精神歸宿，最終也依然毫無例外地要歸斂於生命內省式的執著眷戀之中。

　　為了這滿足眷念的"青澀的微笑"，詩人的一生遂成了踐諾的雲遊，在無盡的時光中一點一滴地積液成了青春之血永遠亢奮如初的荷爾蒙，莊重，寬容，而又肅穆，彷如 ——

沉默的山丘
不畏荒烟蔓草的掩埋
永有寬容與勇敢的包容
　　——〈沉默的山丘〉

　　—— 緣於這種詩性尊嚴在詩人情感生活史中的真實鈣化反應（那是所有付出過真情的人都不難理解的結果：旅途中倏忽錯過的隱痛，人生中被誤解的惦念，生活中難以逾越的矜持……），漸漸歸於沉靜的詩人遂在"沉默的山丘"上構築了屬於他自己一個人的情感聖地，以一種"恒久屹立的形象"（陳義芝語），

　　寄寓激烈的情感歸屬與道德歸依後，詩人由此蛻生出了其詩性生活最爲本真的"源始存在"：

　　　在最瀕臨東海的浩瀚
　　　在最迎風近海的山崖
　　　構築一座華麗的詩屋
　　　是畢生夢想的積砌
　　　愛與美是磚瓦磐石
　　　音樂與詩是材質塗料
　　　　　──〈構築一座華麗的詩屋〉

　　也由此，他得以聚變成了專屬於他自己的詩性內核。他所有風景紀遊詩裏的“我”，都是他極力親近自然歸依自然的結果。是近似於無限透明的忠誠於詩歌精神的臉，飽浸著石頭般的滄桑，却以表面的僵硬隱藏著內心深處的那一抹溫柔後，再也藏不住的那一絲絲的眼角濕潤：憂鬱，堅韌，矍鑠，而又充滿著無盡嚮往的“愛”

　　　回眸平溪落日始覺
　　　我的愛在風中
　　　我的詩在風中
　　　人生最後的一段樂章
　　　也在風中迤邐演出
　　　　　──〈北港溪的黃昏〉

　　這是指向遊子無一例外的宿命式之一的終極歸宿。緣於人生最初的啟蒙童年後 ── 衝破藩籬 ── 走向世界 ── 遊歷異域

—— 感應智慧 —— 聚變內質後的結界，人生最終的歸宿之一，多是再次感召於 "母愛" 這慈祥、和藹而溫暖的春輝：沒有比 "母親" 更無私的原愛了，沒有比 "母親" 更親切的 "叮嚀" 了，沒有比 "母親" 更長遠的 "瞭望" 了。猶如漫長人生般的顯影液中最終浮現出的顯影一樣，"母親" 的形象遂成了綠蒂先生筆下重疊於故里 "原鄉" 的背景：

> 母親重複又重複的叮嚀
> 已不再在故里的碎石路口瞭望
> 濯足戲水的溪河
> 已不見清澈見底的魚蝦
> 防風樹排植成水泥叢林
> 阻隔了橄欖樹悅耳的蟬鳴
> ——〈北港溪的黃昏〉

在這種依附於 "母親" 之 "愛" 的氛圍中，綠蒂先生終於在工作間隙的輾轉旅途之際，放下了所謂 "聲名" 的負累，重新回歸於家的溫馨，重新歸附於生命的終極關懷之中。在他耄耋之年的生命之詩的踪跡圓滿地標註坐標於詩國的園圃之際，他的目光開始收斂起漫天飛羽的蓬鬆時間，從而以內省式的視野在長期的心靈漂泊之後錨定了當下的 "源始存在"，一種證言式的獨白開始更多地迴響在了他的詩性時光的心田之中：

> 愛的山水長卷在此終篇
> 下一行寫什麼？

> 春雨以輕聲敲打木窗的聲音
> 發問
> 天空迷蒙回答無語
> 　　──〈山問〉

這種讓綠蒂先生先生置身其中的精神存在領域的 "此在"
式叩問，澄明地演繹了他詩中所有的沒有遮蔽的星空。他 ──

"我愛，故我思/我詩，故我在"（〈我詩故我在〉）

的多重思辨式的終極存在，始終都是一種信念式的執著，堅
持，與不悔：

> 經歷一次又一次的消失與背叛
> 我依然是詩國的信徒
> 　　──〈星月迷航〉

毫無疑問，正是因為俗世生活中幾乎不能完全避免的所有
"消失與背叛"，詩人才會鍥而不捨地執意要去尋找另一方水土
另一方天空，以期以詩的容器來容納他的所有 "存在之思"，從
而以詩的建築來安居他不羈的靈魂，誠如德國偉大的哲學家海德
格爾所言："詩是真正讓我們安居的東西"。

> 我只是去追尋
> 另一種隱居的方式

——〈終站〉

作為一個秉承於詩歌精神並致力於終生不懈、不棄、不離、不悔的執著追求者，綠蒂先生的詩歌，始終在不經意的古道小巷，抑或候機坪的咖啡小站，或者漫遊的山陬海角，呈現著一種自發式寫作的現代小令式的精緻，既有一些蒼涼，也有一些幽遠。他尤其擅長隨身攜同著詩的行囊，詩行僧一樣隨拾隨撿，在風雨的洗禮中反復把自己交給詩與遠方，讓自己的空靈、清新，和陳釀一起，在歲月的空間陸續發酵。

但緣於詩之初心的不停召喚，無論在世俗生活中走得有多遠走得有多長，他都會將這份"源始之在"的詩思，作為他矢志不渝的鐫刻。他甚至要自豪地使它成為他"歸來"家鄉/歸於"原鄉"的"此在之物"的印證：

墓志銘預刻：
以詩回歸原鄉的人
這是我選擇的人生版本
——〈終章〉

但無論如何，通過對綠蒂先生現代新詩傑作的閱讀，還有諸如〈晨光素描〉、〈青春練習曲〉、〈四十年的羊毛衫〉、〈雪原上的月光〉、〈依舊，你在江南三月〉、〈海韻〉、〈一杯茶在傾聽〉、〈無關與有關〉、〈夜城〉、〈山城暮色〉、〈形狀〉、〈千年古寺〉、〈光明與黑暗〉、〈海之旅〉……等等諸多篇什的重複閱讀，我們知曉了作為詩人的綠蒂先生，是如何在這八十年的俗世跋涉中，一步一步的地涉澗而來，越嶺而過，追風逐雲，出塵入世地反復在潮來潮湧的沙灘似的詩歌札記簿上,懷著謙卑之愛的欣喜,書寫著自己獨特的二十多部詩集/篇。他詩歌中反復多次出現的有關"月亮"的意象,令人印象深刻,因而更多地烘托了他澄明的內心嬗變。這種嬗變的歷程,最終折射出了他嚮往詩神追求詩藝精進的永不止步的前驅性指向。

　那或許是另一種人生意義上的冒險。一切終將逝去,但他這種詩歌赤子般的初心,却始終不會湮滅於表面上行走於人群之間的平靜。周而復始的生活,終會緣著海濱岬角的欣然,寄托起他在漲潮之際的對於永恒之"彼在"的無盡嚮往。那是純淨的詩之國度閃熠的彼岸之光,在撩人月色的朗照下,若離若即,既充滿入世初心的誘惑,也充滿出塵詩心的堅貞:

　　　黃昏收斂起華麗的冒險讓夜泊岸
　　　閃爍的燈火却在另一個遠方召喚
　　　原來,每次泊岸都是風的偶然
　　　每個燈火的彼岸俱屬異鄉
　　　　　——〈彼岸的燈火〉

解讀一座詩的城堡

—— 綠蒂詩集《四季風華》讀後

查　幹

　　詩人綠蒂，用他一生的情和愛，智慧與汗水，營造了一座⋯⋯詩的城堡。品讀他這本新詩集《四季風華》，便能發現，這一座城堡的巍巍然氣勢。他所撰寫的每一首詩作，都是一塊堅固的青磚。經過長年累月的累集與營造，這座城堡，終於屹立於我們眼前。讓我們心中，不由產生一些探幽的衝動。

　　但是且慢，這一座城堡是寧靜的、幽深的、優雅的。不宜冒昧去，敲它月下之門。連輕輕的叩動，都不要。假使如斯，就會犯忌。因為這座城堡，與喧嘩和浮躁無關，因為這座城堡，是詩人的生命之地，是他一生的最愛。也是他，停泊與出發的深水港灣。

　　也因爲如斯，只有清風與月光、蛙歌與鳥聲、可以隨意出入。

只有東海的濤聲，和宏明山的松語，可以隨意出入。還有那些五色鳥和野鴿子，可以隨意出入，並可以在它寬暢的陽臺上，啄食或者舞蹈。還有一隻小野貓，是常得到款待的特殊來客。因為，這些雅客的來臨，不會影響詩人："致力去探索，生命中一切美麗的風景和事物"（〈詩的旅程〉）。

詩人的日常生活是"寂寞的"寧靜的、又是豐富的、神馳的："一個人 / 一本詩稿 / 一枝水斷續的筆"/ 一處人跡稀疏的海灘 / 一架不經意消失在眼前的風帆 / 一雙不必思想且不定焦距的眼瞳/就是這樣一個廉價而悠哉的午後 // 一顆星 / 一徑山路 / 一抹野百合隱約的清香 / 一記迴盪不已的廟院鐘聲 / 一盞在遠方閃爍招喚的農舍燈火/一則被刪卻部份章節的愛情故事 / 就是這樣一個陌生又熟悉的夜晚 "　（〈午與夜的十四行〉）。

這使我想起，唐詩人王維在他的七律《積雨輞川莊作》的兩句詩："漠漠水田飛白鷺，陰陰夏木囀黃鸝。"輞川莊，既是王維的一處莊園。這裡，也是王維一座詩的城堡。凡是詩人，無論是古代的，或者是現代的，都有個共性，就是喜歡僻靜而詩意的居所。王維有一首五言絕句〈竹裏館〉："獨坐幽篁裏，彈琴復長嘯。深林人不知，明月來相照。"就便是，這種心境的最好寫照。

綠蒂，有一首詩裏也寫："一行詩句打亂 / 滿滿一窗等待排列的文字 / 一個午寐錯過盈盈一池豐美迎風的夏荷 // "（〈望雲〉）。此時此刻，我們詩人，在幹什麼呢？他和王維一樣，也是在用盡心思，在尋詞摘句。他遽然得了一行鮮活的詩句，却打亂了滿滿一窗排列等待他擇用的文字的陣腳。他喜上眉梢，又有些惋惜，像是對不住那些，等候他選用的生動喜人的文字了。更讓他自責和遺憾的是，因貪了一個午間覺，竟錯過了盈盈一池夏荷的婉然盛開。

多麼美麗的憂愁啊？

王維，有輞川莊。綠蒂，有香雲樓。香雲樓裏，有一座納風亭，更是我們詩人，與天地對話、與山水對話、與萬千生靈對話的，幽靜之處："頂著金黃屋瓦的八角造型 / 以極簡素的廊柱 / 撐開四面陽光 / 吐納八方的風聲雨勢 / 亭立宏明山翠綠的稜線 / 呼喚太平洋迎面的浩瀚 // "（〈納風亭素描〉）。這就是他的納風亭。起名納風亭，足見詩人，開闊靈動的心靈境界。

我們的詩人是開朗的，又是憂傷的。這是歷代詩人的共性，或者說是專利。開朗，是因為他熱愛生活，熱愛這片養育他的土地。傷感，是因為憂天地之憂、憂萬千生靈的生存之憂："我沉入孤寂 / 是為了傾聽/風聲　雨勢 / 鐘鼓　海濤 / 林中松鼠的竄跳　以及 / 暗夜星子的竊竊私語 // "（〈暗語靜〉）。這些描述，絕非是詩人無病呻吟的自吟自唱，而是他在通過這些物象，來觀察和聆聽，宇宙所發生的，一切幸與不幸事件的來龍與去脈。

他"把詩寫成永遠的旅人"是因為人世間的一切美好事物，都時時召喚著他。因為他的詩心，十分靈動，心中有著太多的愛與憂。因為我們詩人的詩心，也十分敏感。一陣強風掃蕩之後，他便痛心地看到："欖仁樹的紅葉 跌落滿地 ／ 木麻黃的絮語匍伏低吟 ／／"（〈風雨故人來〉）。

"甲申除夕 ／ 春雨綿綿落下 ／／ 你與我在納風亭上 ／ 一起想著 ／ 雨在說什麼？"（〈東方假期〉）。這裏，難道說，詩人嘮叨的，只是自然現象嗎？非也。他想的是大千世界的風雲變幻，他感覺道："一粒砂子／能漫起滿天風塵 ／ 一顆種子 ／ 能長成蓊鬱森林 ／ 一片白雲／能遊走無限天空 ／ 一朵浪花 ／ 能掀動整面大海 ／ 一個微笑／已佔據我全部心靈 ／／"（〈這一生〉）。

他有一首詩，寫得十分完美，無論從形式，抑或從內容來看，都是上乘之作，也不缺乏哲思意味：

> 多餘的是 秋水共長天一色
>
> 多餘的是 枯藤老樹昏鴉
>
> 多餘的是 大漠孤煙直
>
> 多餘的是 江山如畫
>
> 多餘的是 白日夢
>
> 多餘的是 殘紅
>
> 多餘的是 我
>
> （〈日與夜的十四行〉）。

另外，我們的詩人總是行腳匆匆，獨自吟哦在大山大水之間，他走過天南地北，甚或地球的個個角落。在他筆下，無論是波士頓寧謐的夜色、無論是蒙古高原，一場意外飄來的聖雪、無論是喀納斯湖，無限遼闊的一汪清波，抑或是艾菲索斯寂靜的古城，都與詩人有著靈犀相通的生命色彩和生命意義。因而他去探索，因而他去書寫。在他詩筆下，一切入詩之物，都有聲有色，詩中有畫，畫中有詩。也因為在他筆下，不缺乏傳統詩學的美學運用，所以運筆自如，總是一氣呵成。他是一個以詩歌記錄人生，賦詩歌為生命之需的人。詩人坦言："七十載的風花雪月，漫長行腳的塵與土，砌造了一座小小的詩的城堡。他是屬於我個人的，私密城堡。不期待輝煌，也不需要春風的叩訪。屬於城的深夜，書寫有自己的夢與記憶，毋須誰來喚醒"。這一聲獨白，令我們感嘆，也令我們深思。

是的，真正詩歌的寫作，本就因該遠離塵囂與浮躁，遠離利與欲的誘惑。而去獨自赤誠地面對這世界，面對這個人生。因而有一座，屬於自己聖潔的、寧謐的，面向大自然的，詩的城堡，是一件幸福的事情。

"一點浩然氣，千里快哉風"，祝福我們詩人，寶刀永遠不老，詩心永遠年輕。

恬淡、寧靜之美

── 從詩集《四季風華》看綠蒂詩的風格

龍彼德

詩講究詩美，散文講究散文美，這是基本的美學原則。對於詩美，不同的詩人有不同的追求，這與他們所處的時代、地域、個性、經歷、教養、天賦等等都有密切的關係，因而呈現出不同的詩美形態，形成了不同的藝術風格。

綠蒂的風格是什麼？從他的詩集《四季風華》中可見一斑。

對於詩，我從未預設"讀"或"寫"的立場，只有笨拙地用自己的文字方式，簡單地表達自己對生命的感受。五十多年來對詩的珍愛從未停止，只有區別在淘湧的呈現或沉思的潛藏。

從來我試圖在喧嘩的人潮中尋找一片靜謐的空間；也對潛在的黑暗提出明亮的質疑和尋找希望的光源。

詩作與形象之間，總著墨有我的憧憬與曖昧的模糊。我收集荒寒與孤寂，也典藏溫暖與暗香。

我致力去探索生命中一切美麗的風景和事物，也許我無法掌握和描寫它完整的輪廓，但"詩"讓它含蓄地成爲一種優美的記憶。

創作時，我追求美感與純粹。已經過往逝去的，也因爲詩的懷念，而烙印在我心最柔軟的角落，即使有些懷念只是一時的錯覺。

既然我的生活離不開世俗，我就坦然地去享受記憶的親密，也承擔現實的疏離。

這是綠蒂的"夫子自道"。"美感與純粹"是他確定的目標，基於"五十多年來對詩的珍愛"，他以"簡單地表達"探索生命中的"一切美麗"，在"喧嘩"的時代營造"靜謐"的境界，將"荒寒"與"溫暖"、"孤寂"與"暗香"辯證地統一在一起，既質疑"潛在的黑暗"，也昭示"希望的光源"……這不是恬淡、寧靜之美嗎？這使筆者自然地想到老子的審美觀："恬淡爲上，勝而不美"（《道德經》第三十一章），以及諸葛亮的名言："夫君子之行，靜以養身，儉以養德，非淡泊無以明志，非寧靜無以致遠。"（《誡子書》）在當今這個充滿功利、物欲、誘惑、浮躁的商品社會，是多麼需要這種心態之美、藝術之美啊！

具體解析，分三個方面 ——

一、以"簡單地表達"探索生命中的"一切美麗"

從字面上看，"簡單"與"一切"是矛盾、對立，互不相容的。但中國文學自古以來就有"以簡馭繁"的傳統，綠蒂早已深諳此道。如〈雨的紋路〉：

蟬聲隨雨勢無端斜落
在亭內桌上未寫竟的稿紙
暈染了文字與詩的排列
把極簡的懷念，以及
預留的空格
推擠爲迷宮迂迴的甬道

南風快速地翻閱春天記事
並在野百合最初綻放的那頁
摺角，以供驟雨的黃昏搜尋容易
飽滿欲落的水滴懸掛
在金黃屋簷的風鈴下
晶瑩地折射
五色鳥匆匆飛逝的光影

我的沉思與仲夏的風交錯
重疊成前方東海一片平靜的湛藍
寺院鐘聲清澄

沿石階漫流而下
穿過雨後的長廊與幽徑
消隱成往事追尋的紋路

　　全詩三節十九行，記載了夏日的一場驟雨從降到止的過程：亭外的風雨打斷了亭內的寫作，雨雖止而思緒——"懷念"未止，"雨的紋路"（"斜落"、"懸掛"、"漫流而下"）演繹成"往事追尋的紋路"。"懷念"前用了"極簡"的定語，即"簡單地表達"，但與"預留"、"推擠"等詞組連在一起，成爲"迷宮迂迴的甬道"，便繁複起來；及至穿過"長廊與幽徑"，"往事追尋"則有了"一切美麗"的意味。詩中不僅有這些美的畫面，還有"蟬聲"、"南風"聲、"水滴"聲、"鐘聲"這些美的聲音，加上"野百合"的銀白、"屋簷"的金黃、"五色鳥"的光影，"東海"的湛藍……堪稱美的總匯！

　　類似的例子不少，如〈中秋無月〉，"期待光華把黑與夜分開"，以"無"寫"有"；〈這一生〉，"爲你全心傾注的愛　已然豐沛足够"，以一寓多；〈存在不一樣的瞬間〉，"記憶是唯一的真實／意念是瞬間的不滅"，以瞬間致永恒……都體現了美的辯證法，樸實，平淡，却生動、傳神！

二、喧嘩"的時代營造"靜謐"的境界

　　詩的境界是意象與情趣的契合，即景與情的契合。"景是個人性格和情趣的返照。情趣不同則景象雖似同而實不同。"（朱

光潛語）如〈泊岸〉：

總是一著筆
即寫就了結語的形式和句點

潮起潮落　緣生緣滅
沒有起點　亦無終點
甜蜜與哀傷俱是海留不住的淒美
所以　別讓淚眼
模糊了燦亮的容顏
離別的情傷
只為預約下次相聚的理由
對于偏愛風景的我
人生處處俱是避風的港灣
回首處
每一次泊岸
蓦然地陌生成青澀的異鄉
不管是記得的或不記得的稱謂

懷念　是秋天裏不凋的紅葉
因它　海不休止地重複古老的傳說
因它　寂寞寫成另一種美麗的風情

　　全詩三節十八行，既有敘事，也有抒情，還有議論，均付之
意象，顯示情趣，可以視為綠蒂的自畫像。在 1995 年 7 月於臺

北躍升文化事業有限公司出版的詩集〈泊岸〉的序中，詩人對第一節（實際上也是對全詩）有過解說：“總是一著筆，即寫就了結語的形式和句點。這是我的詩和生活中一直存在的缺憾。我的詩和生活，一直是交會而重疊著，我從不追求掌聲，也不刻意抹去悲傷的色彩。”筆者以爲用“特點”取代“缺憾”一詞更爲合適，何況一個人的長處大抵也是一個人的短處。特別是“對於偏愛風景的我／人生處處俱是避風的港灣”和“每一次泊岸／驀然地陌生成青澀的異鄉”這兩句，充分表明了他的個性及情趣：綠蒂沒有李白“長風破浪會有時，直掛雲帆濟滄海”的豪邁和“我寄愁心與明月，隨君直到夜郎西”的爽朗，却有陶潛“羈鳥戀舊林，池魚思故淵”的婉約和“此中有真意，欲辯已忘言”的靜穆。

正因爲如此，綠蒂著力於在“喧嘩”的時代營造“靜謐”的境界：如〈春分安靜得如此美麗〉，“沒有遠方戰火的硝烟／沒有 SARS 預言的恐慌／亦無大選高分貝的喧囂”；〈我的跨年非常安靜〉，“聽見座鐘移動的秒針……／聽見思念的低微的嘆息／聽見心底反射的清澄倒數”；〈靜靜的初夏〉，“納風亭　靜靜地／我起身／從自己離開／靜靜地／連背影也不想驚動”；〈哀傷依然寂靜〉，〈暗與靜〉……等。

由於工作與創作的需要，綠蒂幾乎跑遍了全中國，到過世界上許多地方，儘管氣象萬千、動態繽紛，入眼入詩的仍然是“靜”：如〈風雪絮飛的峨嵋向晚〉，“在雪中看山／在風中看你／一樣紛飛飄落無聲／一樣冷冽淒美銘心”；〈微雨的大明湖〉，“岸邊葦花芒白一片／與斜細的雨絲一同紛飛／模糊了手機傳來的信息／分不清是思念還是鄉愁”；〈永遠的少女峰〉，“登臨歐洲最美的屋脊／標指阿爾卑斯最高的俊秀／足下的冰河淌成一曲無聲的歌／流瀉著遠自亙古的磅礴氣勢”；〈亞裏斯多德廣場晨思〉，“追尋的不是拜倫的夢幻之島／而是在一夜之間突然消逝無踪的溫潤／如同迷惑的亞特蘭提斯”；〈漂流在靜止的秋寒中〉，〈一個人在青青草原〉……等。

朱光潛在《談美》一文中指出：“離開人生便無所謂藝術，因爲藝術是情趣的表現，而情趣的根源就在人生；反之，離開藝術也便無所謂人生……人生本來就是一種較廣義的藝術。每個人的生命史就是他自己的作品。”[1] 綠蒂的這本詩集，正是他的人生的藝術化，他的藝術的生命史。恬淡、寧靜之美，讓他“在世俗生活中安然去享受孤寂，也在眾聲喧嘩裏得以幽雅地疏離”[2]；“愛與悲哀的情緒從來十分安靜而內斂，不曾意氣風發，也未見傷心落淚。只會悄悄地隱喻在抒寫的文字中或自己也理不清的詩意裏。”[3] 隨著春、夏、秋、冬的輪轉，只有一次的生命“存在不一樣美麗的瞬間”，這就是綠蒂詩的價值，也是他給我們的啓示。

---

[1] 見《朱光潛全集》第二卷 91 頁·安徽教育出版社 1987 年版。
[2] 引自《四季風華》序·第 4 頁。
[3] 引自《四季風華》“秋光雲影”自序·第 310 頁。

三、語調，句式與樂感

詩是語言的藝術，是"一種語言中的語言"（瓦雷裏語），詩人的風格是通過語言體現出來的，研究其語調、句式與樂感就成爲必需。請看〈波士頓的下午茶〉：

衛星導航迷路的午後
驅動的車輪像達達的馬蹄，依然
停歇在美麗的錯誤
一家名叫"香港"的越南小館
旁落在鋪滿槭葉的青石磚道
鄭愁予說不記得位置
只記得欲紅未紅的兩行街樹

梅芳把越南菜點得十分中國
在沒有酒牌的餐坊
金門高粱偷渡成桌上的主題
礦泉水的顏色掩蓋不住跌落的酒香
迤邐成偶遇的異國風情

斜落秋陽的暖度
微醺了馬悅然的烟斗與風趣
基隆港灣與礁溪溫泉
猶記著驛站寄旅的廻流

　　余光中的溫雅
　　素描著中山大學有燈塔的窗景
　　以及厦門街舊居的一棵老樹

　　午後的溫陽
　　灑落在詩集的臉龐
　　茶聚未散　依依晚風
　　已對波士頓城優雅的背景告別

　　詩後有一小注："記深秋十月與鄭愁予夫婦、余光中、馬悅然教授在波士頓小館餐敘。"短短的四節二十三行，將一次異國小館的餐敘寫得異乎尋常的親切、溫馨。人物素描，用筆極簡，特點鮮明：鄭愁予"不記得位置"，對應了其代表作《錯誤》；梅芳"把越南菜點得十分中國"，隱含著思國念鄉的感情；著名漢學家馬悅然的"風趣"，以"微醺"和'烟斗"襯托；余光中的"溫雅"，與他的職業、起居有關……整首詩的語調舒緩、柔和，顯示出詩人——那個在場而未標明的自我——的從容、文靜。基本句式在詩題"波士頓的下午茶"上即已確定，貫穿在一、三、四節的首句："衛星導航迷路的午後"、"斜落秋陽的暖度"、"午後的溫陽"，雖然第二節的首句不一樣，然而正是這一變化，使地點、時間作定語的事件或感覺這樣的句式更加清晰，從而形成節奏，產生樂感。幾個長句（如"驅動的車輪像噠噠的馬蹄，依然停歇在美麗的錯誤"、"礦泉水的顏色掩蓋不住跌落的酒香迤邐成偶遇的異國風情"）則起到了"慢板"的效果。

　　縱覽《四季風華》詩集，語調像〈波士頓的下午〉者居多，雖然有些作品如〈向西奔流的鄉愁──伊犁河記游〉、〈決堤的哀戚〉、〈隔離網站〉、〈颱風過後〉等，或大起大落，或大悲大慟，或驚或懼，或移或動，但經過綠蒂心靈的過濾、情緒的調適，顯得變而不亂，哀而不傷，驚而不惑，移而不倒，這種中和美倒是值得我們學習的。

　　至於句式，則多種多樣。據筆者不完全的統計，有以下八種──

　　"一"字式。如〈午與夜的十四行〉："一個人／一本詩稿／一枝墨水斷續的筆／一處人跡稀疏的海灘／一架不經意消失在眼前的風帆／一雙不必思想且不定焦距的眼瞳／就是這樣一個廉價而又悠哉的午後"。

　　交叉式。如〈千島之湖〉："在千島之湖　看湖的千島"（第一節首句）；"在湖的千島　看千島之湖"（第二節首句）。

　　總括式。如〈就在車上〉："一縷縷吐魯番盛產的陽光／一縷縷葡萄哈密瓜的香甜／就在車上"全詩十節，寫新疆之旅，每節最後一句均為"就在車上"。

　　翻轉式。如〈東海傳說〉："雪落是虛構／冰清皓潔是真實／歸程是虛構／萬家燈火是真實／月色是虛構／橄欖樹的殘紅是真實／詞匯是虛構／寓寄的思念是真實”。

　　因果式。如〈因爲寂寞〉：“因爲寂寞／看見了　海在暗夜中墨藍的憂傷／聽見了　千年螺貝裏悠遠的迴響”。全詩五節，每節首句都是“因爲寂寞”。

　　解題式。如〈蜂鳥〉：“像蜂的鳥／還是長成鳥形的蜂／以如千隻翅膀齊集舞動／騷動起整個花圃的春光／以無法看清的美幻舞姿／牽引花卉的目光與呼吸”。

　　判斷式。如〈秋天的留白〉：“孤寂是留白／守候是留白／你來或者不來／在想念的位置上／都是一種留白”。

　　疊加式。如〈傾聽與觀照〉：“傾聽島嶼亢奮的對立／也傾聽海洋浩瀚的包容／傾聽身邊一切可及的美麗與孤寂／也傾聽遙不可及的冷光與鈴聲”。

　　正是這些不同的句式，通過排比、對仗、畸聯、拼貼等手法的組合，形成了特色各異的旋律，使綠蒂的詩具有獨特的音樂美。

　　《四季風華》一共收詩 187 首，藝術水平也不完全一致，尚有少數淺露、平庸之作；全書按“春天記事”、“夏日山城”、“秋光雲影”、“冬雪冰清”四輯編成，作者“序”稱：“皆是我四季的詩情，亦皆是我生活行旅與心境的寫照。"原本是個很好的創意，但春輯中有夏（《夏夜聽雨》）、有秋（《布拉格之秋》），夏輯中有秋（《洞庭秋思》）、有冬（《除夕與大寒》），還有春（《三月》），秋輯與冬輯也有季節錯收的情況，是否小小的疏忽？

總之，瑕不掩瑜，祝願綠蒂寫出更多更美的詩來！

空靈清新　明澈靜美

—— 讀綠蒂《北港溪的黃昏》

曉　雪

　　我第一次見到綠蒂先生，是 1991 年 8 月在北京。他同鐘鼎文、文曉村等臺灣詩人一起，應邀來北京參加"艾青作品國際研討會"。那是兩岸阻隔 40 多年後臺灣詩人第一次應邀來到首都北京。我們一見如故，談艾青，談詩歌，有許多共同語言，彼此都留下了很好的印象。近 30 年來，他經常到內地參加各種詩會、筆會、研討會和參觀、訪問、采風等活動，2000 年、2002 年、2014 年中國作協、中國現代文學館、中國詩歌學會還在北京先後三次舉辦過"綠蒂作品研討會"，我們曾在不同的場合多次見面交流。2001 年 5 月，我率中國作家協會赴台訪問團一行 16 人應邀訪問臺灣，受到綠蒂先生為首的臺灣詩人、作家們的熱烈歡迎和盛情款待。綠蒂是我在臺灣詩人作家中認識最早、交往最多、最熟悉親密的詩友。

　　綠蒂 18 歲（1960 年）就出版了處女詩集《藍星》，19 歲在大學讀書時即接手主編文藝月刊《野風》，接著又先後參與創辦和主編過《中國新詩》《野火詩刊》《英文中國詩刊》《秋水詩刊》《新詩學報》《文學人》《新原人》等期刊。他還先後擔任臺灣中國青年詩人聯誼會總幹事、中國新詩學會總幹事、中國文藝協會理事長等等職務，先後 12 次赴世界各國參加世界詩人大會，榮獲"國際桂冠詩人獎"。他不僅是臺灣的著名詩人，也是優秀的編輯家和文化活動家。但不論組織工作、社會活動和編輯事務多麼繁忙，他都堅持寫詩。他編刊物和發起、組織、參與、主持各種活動也都是爲了促進詩歌事業的發展繁榮。所以我認爲，他本質上就是一個詩人，他最主要的身份就是一個詩人，而且是純粹的真正的詩人。他說："詩是我生活的日記，也是生命的代言。"他"與詩共行，已越過一甲子的歲月，有的在星光低垂的海岸，有的在鄉愁羈留的河畔。"

　　俄羅斯詩人布羅斯基說："詩是我們人類的目的。"綠蒂就是六十年如一日地在努力追求"我們人類的目的"的。他隨時用詩記下自己的所見、所聞、所思、所悟、所感，記下"轉眼即逝的璀璨""縈繞終生的淡泊"，記下"在過眼雲烟裏尋覓存在美麗瞬間的永恒"。于是，在他的處女詩集《藍星》之後，我們陸續讀到了《綠色的塑像》《雲上之梯》《坐看風起時》《沉澱的潮聲》《風的捕手》《孤寂的星空》《春天記事》《夏日山城》《秋光雲影》《冬雪冰清》《四季風華》《存在美麗的瞬間》《綠蒂詩集》等等詩集。特別令我驚喜的是，就在今年 5 月，我們一起參加中國詩歌萬里行走進四川榮縣的活動，他又送我一部他剛剛出版的新詩集《北港溪的黃昏》。這是他進入古稀之年後的最新創作成果。我知道這些年他仍然繼續擔任臺灣中國文藝協會理事長等職，是《秋水》詩刊的發行人兼主編，各種事務繁忙，社會活動很多，但仍不斷推出新作。可見他是多麼執著勤奮地追求"詩" —— 這"我們人類的目的。"

　　讀了這部《北港溪的黃昏》（其中有 14 首中英文對照），我想起黑格爾的一句話："老年時期只要還能保持住關照和感受的活力，正是詩創作的最成熟的爐火純青的時期"。綠蒂七十歲以後寫的這些詩篇，使人感到他不但對宇宙自然、社會人生、時代生活繼續保持著關照和感受的活力，而且關照更細、感受更深，從而使自己的創作走向一種更成熟的空靈清新、含蓄雋永而又明澈靜美的境界。在他心目中，"風是透明的思念"，"花是華麗的綻放"，"雪是純潔的哀傷"，"月是圓缺的輪迴"。他"心境清澄"，"微密觀照"，所以能"從一砂、一葉/從一縷烟　一片雲 / 從 一滴露珠　一朵寒梅 / 從一株欖仁樹　一隻五色鳥"，"見生命神秘的奧義" "溯宇宙不息的源頭"，能從"每天的日升月落/每回的風起雲湧"，發現和捕捉到"不一樣的美麗瞬間"。他"將連載數十年歲月的漫漫長篇/婉約成一頁海濱散記/隱喻成一首詩/精簡爲一句話 / 述說一切的發生與記載 / 只　因爲有愛"。"因爲有愛"，他回到故鄉，發現童年"濯足戲水的溪河/已不見清澈見底的魚蝦/防風樹排植成水泥叢林 / 阻隔了橄欖樹悅耳的蟬鳴"，從而抒發出自己深沉的"永遠的鄉愁"。"因爲有愛"，他晚年的感悟如百年古酒，"讓所有遺憾都成熟爲祝福"。

　　當下社會最多的是浮躁，人們最缺乏的是平心靜氣，是身泰心寧的靜氣。需要倡導"天人合一"、人與自然和諧相處和"詩意地棲居"，需要通過人生的詩意化和藝術化，來抵制科學技術所帶來的個性泯滅以及生活的刻板化和碎片化，使人不會成爲機械生活整體的一個碎片。我覺得綠蒂這部詩集最主要的特點，就是詩人以一種身泰心寧的情懷來感悟和抒寫宇宙人生，所以他的詩給人以祥和寧靜的感覺，有一種獨特的靜美 —— 寧靜之美。我們讀〈沉默的山丘〉〈山與海〉〈情繫清溪湖〉〈走進秋天〉〈暗與靜〉〈雲的旅行〉〈靜靜的初夏〉等等，都可以突出地感覺到真是"靜者心多妙"，感覺到這種給人愉悅、引人深思、助人蕩污去燥、使人平和寧靜的詩，是多麼的妙不可言。"我沉入孤寂/爲了傾聽 / 風聲　雨勢 / 鐘鼓　海嘯 / 林中松鼠的竄跳　以及/暗夜星子的竊竊私語 / 我沉入黑暗 / 爲了等待/爲了清明的守候 / 你微笑點亮的光源　以及 / 北極星遙遠的幽微"（《暗與靜》）"可在夜半鐘聲幽幽的山寺泊宿 / 可在海鷗翩翩的黃昏渡輪駐足"，"不回首身後松林篩落的光影 / 不前瞻季節熱絡預告的美景"，"隨遇而安的行程 / 只在意自己潔白而乾淨的行走"。（〈雲的旅行〉）

　　顧隨說："詩教溫柔敦厚，便是叫人平和"。綠蒂在"自己潔白而乾淨的行走"中寫的這些明澈靜美的詩，就是"叫人平和"，叫人愛生命、愛自然、愛生活、愛一切美好的東西。他"晚年惟好靜"，希望他在未來"隨遇而安的行程"中，"靜靜地/連背影也不想驚動"地繼續堅持寫詩，寫得更多更好，"更成熟而爐火純青"。

有情世界的無限禪機

— 讀詩人綠蒂

楊傳珍

　　詩人是敏感的，綠蒂的敏感在於，他能夠把自己精微的感受，用相應的意象言說出來，由「可感」實現「可言」，讓讀者藉詩人的「言」，領略他的「感」，分享他的美。

　　去年金秋十月，詩人綠蒂(王吉隆)遊歷山東。途中，應棗莊學院之邀，為愛好詩歌的大學生作了一場〈詩歌與人生〉的學術報告。綠蒂先生一邊解讀自己的作品，一邊闡釋詩歌對人生的提升和人生對詩歌的滋養。

　　詩人說:「讀我 / 不如讀我細緻的情懷 / 讀我情懷 / 不如讀我秋水上十八行小詩 / 讀我詩 / 不如讀我今夜輕輕的飄泊」(〈讀我〉)是的，要想對一個詩人真正了解，他的生活閱歷和處世態度固然重要，但是代表一個詩人本質的，還是他的作品。隨著閱讀的深入，我發現詩人的政治智慧並沒有在他的詩作裡明顯體現。如果說，報告會上的王吉隆，以他清醒的使命感和對莘莘學子的負責精神，在回答兩岸關係未來走向時是一位社會活動家，在詩歌創作時，他卻是一個繼承了陶淵明、王維詩歌傳統的純粹詩人。在綠蒂的詩歌園地裡，他營造的完全是一個有情世界：

> 沾松露書寫 / 以透明月色為餌的小詩　企圖引誘 / 橄欖
> 新芽初開的情竇　　　　　　（〈擁星月入懷〉）
> 我有個更隱秘的花園 / 僅有春天和我知曉 / 以詩為守
> 門的密碼 // 種植的是愛的氛圍 / 耕耘的是深情的風景
> 　　　　　　　　　　　　　（〈春天的秘密花園〉）

這些詩句，不僅洩露出詩人多情的詩心，還以此構建出、營造出、彌漫出情景交融的意象。這些富有張力的意象，蘊涵著詩人對大自然的傾心和大千世界的投射。它們能夠獨立存在於天地之間，詩句之外，而它們卻是詩人植入詩作深處的精靈。它與形象的區別是，形象離開賴以存在的作品，或者黯然失色，或者徹底失去意義，而意象，卻能獨立顯示意義，讓讀者產生無限聯想。

詩人嚮往大自然，有時候自我放逐，體驗「霧濛所有的煙雨與鄉愁」。在〈大草原記遊〉裡，詩人傾吐了在大草原過夜的感受：「今夜棲息的旅店羊毛氈 / 圍成的溫暖沒有門牌編碼的蒙古包 / 冷光螢幕的手機訊息 / 被遙遠阻隔在外 / 天窗不慎跌落的星光 / 閱讀著一頁頁的漂泊」。詩人既對內地的自然山水和人文山水有著文化上的認同，也以世界公民的心胸飽覽不同文明綻放

的精神花朵，在他筆下，從波士頓到落磯山，從阿爾卑斯山到阿
為阿雅山谷，從亞里斯多德廣場到艾菲索斯古城，都有豐美的定
格。

　　但是，漢語作為母語的文化基因，使得綠蒂先生在異域的山
水面前，只是一位匆匆過客，而內地的一草一木，一花一朵，卻
能啟動他心靈深處的「集體無意識」。在千島湖，在峨眉山，在
張家界，詩人的情懷總是別有一番滋味。他在洛陽的牡丹園，在
杭州的西子湖畔，主體化身為客體，客體成為主體的一部分:「日
暮　回首/所有的花影蕊姿/一半飄入風中//一半沉入//心靈的密
林/過眼的風情/其實從未消失/恒以文字波漾成記憶的詩篇」。
(〈風景中的風景〉)

　　作為一個以詩安身立命的有情人，綠蒂先生每到一處，看到
的，感到的，都是詩的元素，幾乎所有的詩料，都能升騰為詩情，
凝聚為詩作:

> 愛與美是磚瓦磐石/音樂與詩是材質塗料/布置簡單得華
> 麗 // 淨空自然成優雅/可以來去自如/可以沉耽於無所
> 事事　　　(〈構築一座華麗的詩屋〉)

　　詩人是敏感的，綠蒂的敏感在於，他能夠把自己精微的感
受，用相應的意象言 說出來，由「可感」實現「可言」，讓讀
者藉詩人的「言」，領略他的「感」，分享他的美。月光作為中
國詩人謳歌了千百年的對象，已經由一種自然的存在轉變為文化
載體，變成詩人寄託複雜情思的生命。遠至李白、杜甫，近至洛

夫、余光中，都對月光情有獨鍾。他們為月光賦予了歷史內涵和時代精神。綠蒂的〈中秋無月〉，通過對月光的等待，抒發了隱隱的人道情懷：

> 因等待／我假設的月光和思念／編串成一條河／你可以在河邊棲息　//　也可以在河邊走過／但且勿驚起秋夜沉寂的漣漪　　　　　　（〈中秋無月〉）

這首充滿禪意的詩作，可作多種解讀。我們可以通過下面的詩句，猜想詩人的寄託，請看詩人面對海灣戰爭的心情：

> 硝煙、沙塵暴遮蔽天空的蔚藍／哀鳴、爆炸聲覆沒了大地黃沙／一場沒有前線的戰爭／牽引著全人類的視線／網獵戰士離家的鄉愁／特寫傷殘無助的眼神／戰火熱辣地端上／每一個閱讀家庭的餐桌／燒毀的旗幟　//　摧毀的銅像／都是激情的喧囂／無關信仰或強權／也無關正義和解放／戰爭封緘為時代的廢墟　/　和平虛擬成山城的燈火
>
> 　　　　　　（〈硝煙掩不住的美麗〉）

綠蒂先生祖籍福建，是第三代移民。他對原鄉的情感，雖然有著血緣和文化的認同，卻沒有一九四九年移民臺灣的詩人那種骨肉撕裂的內傷。他的鄉愁詩，表現出另一種格調，這是人亙古以來普遍存在的鄉愁。在兩岸分治的語境裡，這首詩沒因挾帶政治訊息而獲得排山倒海的衝擊力，卻是人最本質的情感：

椰樹上的風/把夕陽熟悉的色調/在小巷上的那端繪成悵
望//　已步過/依舊要回首　童年依稀就在那裡　//　逃避著
陽光與人潮/去燈光閃爍的樂聲中喝采/很粉紅的康乃馨/
也化不去若有所失的情懷/去有銀幕的黑暗中/把黃昏換
成/一段嘩笑/或是一片較深切的感動與孤獨/路總有一段
是歸程/它依然會在巷衖的那端/守候你//覆蓋你/以淒白
的月色/或蒼茫的煙雨//不是什麼/那是乍起的鄉愁

（〈鄉愁〉）

　　綠蒂的詩歌世界，是一個有情世界。如果只此一種色彩，作
為詩人，就顯得單薄了。他沒有停留在抒發情感的階段，而在有
情世界之中，佈下了無限禪機 :「暮鼓晚鐘指引著/
東海遙遠的歸
帆/沉落海底三千年的/一隻海螺浮現紅塵/與我深情對話/探討
鋪滿松針的小石徑/是夕陽歇足的旅邸/還是心靈清淨的原鄉」這
些　詩作，已經不再局限於感情的抒發和形象的描繪，而是要扣
問生與死的秘密，展開　對永恆時空的追尋。

　　在棗莊學院的報告會上，詩人不僅表達了自己對詩歌的熱
愛，詩歌對他的滋養，對他人生格調的提升，而且以極為負責的
態度，提醒學生以學為主，先把學問底子打實，然後再根據自己
的興趣與天性，決定是否走詩歌創作的路。他還說，每一個大學
生都應該是詩歌讀者，但是只有少數大學生能夠成為詩人。應該
讓個人的理想追求與天性相吻合，個人發展應該與社會需求相統
一，實現生命意義的最大值和造福人類的最大化。他勉勵學生，

不要害怕挫折，在困難面前不要自卑自憐，要在戰勝挫折中成就自己。最後，他朗誦了〈哀傷不是一帖良藥〉的詩作：

> 失望或者挫敗之後／哀傷不是一帖良藥／寂寞也不是孤獨的唯一形態 ／／ 當所有的人離你而去／世界仍舊不會將你遺忘／滾動在新葉上的露珠／一樣晶瑩潋灩
> ⋯⋯
> 芬芳拂面的晚風／一樣輕輕喚你入夢
> ⋯⋯

風景中的存在之歌

譚德晶

一

　　在古今中外的詩人中，很少有詩人如綠蒂先生那樣，自然風景在其創作中居於如此重要的地位。打開綠蒂先生的詩集，無論是比較早期的《綠色的塑像》、《坐看風起時》，還是近些年的《四季風華》、《北港灣的黃昏》以及即將出版的《十八‧八十》，裏面幾乎每一首詩都是以自然風景爲中心的。正如他在《詩的迷宮》中所言：“窮一生的時光／所想所寫的／竟都是一首寫不完的詩。”又在《一本書》中這樣自述：“一本書／只寫一首詩／只寫一件事／只寫一個人”。毫無疑問，這窮盡“一個人”的一生而撰寫的“一首詩”、“一件事”就是詩人對自然風景不停的追尋與抒寫。

　　是的，自然風景，一直在文學藝術尤其是在詩歌創作領域居於非常重要的地位，例如在中國古代的詩歌中，山水田園詩和廣義的寫景詩一直占有極大的比例；在國外的詩人中，例如華滋華斯、荷爾德林、葉塞寧等，描寫自然風景的詩歌也非常多。但是，它們之間仍然存在著一個根本的區別，這個區別就是，無論是中國古代的山水田園詩還是西方的描寫風景的詩歌，"風景"在其詩歌創作中，仍然處於一種從屬或陪襯的地位，處於中心的仍然是人，仍然是人在風景中的那種心靈恬靜和適性得意的道家風味，或者是在自然風景中表現出來的一種異於人類社會的樸素、寧靜的文化之美，抑或是一種廣義的自然生命之美。但是在綠蒂先生的詩歌創作中，自然風景卻獲得了一種本體性的地位。

那麼，自然風景的這種本體性地位到底是一種什麼情形呢？是的，就如所有的形而上的哲學觀念本身都具有一種恍兮惚兮的特性而很難加以精確的界定一樣，綠蒂詩中自然風景所獲得的這種本體性特徵亦較難以釐清。不過，在《八十‧十八》這本詩集中，綠蒂先生本人爲我們提供了這一定位的某種線索，在好幾首詩中，他把體味追尋自然風景中所蘊含的某種本性性的因素稱爲"原鄉"、"還鄉"或者"彼岸"、"無相"等，例如他在〈見山與望雲〉中說：

> 每條河　每顆星
> 都可以流浪
> 每條河　每顆星
> 都可以還鄉

又如在〈雪原上的月光〉一詩中說：

> 曠野長風裏

　　　你的叮嚀與我的詩心　交會
　皓白成雪原的月色
　輕吟成那曲早已遺忘的歌

　蒼鷹重複盤旋的山頂
　欲銜取我未放下的部分
　前往遙遠的原鄉

　　在他這部帶總結性的《八十‧十八》的詩集中，詩人的這種類似表達實在不少，在〈終章〉這首詩中，詩人甚至說在其"墓誌銘預刻"中，將要刻下這樣的兩句：

　以詩回歸原鄉的人
　這是我選擇的人生版本

　　從詩人的這些自述中我們可以看出，自然風景在其詩篇中的本體性地位，就是他把自然風景本身當作了他人生價值追尋的一種對象，成為了他精神尋求的一種終極所在，或者我們可以說，自然風景，在綠蒂先生的詩中，其本身的無限性與萬般的美，成為了一種類似於宗教的存在。我覺得，我們只有從這個意義上、從這個角度上觀察，才能見出綠蒂整個詩歌的獨特性和獨特價值。

二

綠蒂先生這種在自然風景中追尋超驗價值的取向，帶來了他的寫景詩創作的一系列特點。首先，就是在對自然美的觀照選擇上，自然本身的某種似乎終極性的審美價值，諸如無限、博大、奇特、遼遠、恍惚、蒼涼，總之，自然中存在的那種超出於人類社會的令人驚悚嘆為觀止的博大奇幻因素成為了他的寫景詩的重心，自然美不再只是情感美的某種象徵，也不再只是供人怡情悅意的審美對象，而是具有超出於人類社會的某種獨立自足的價值。如他的〈月光魔法〉：

> 月光是魔法師
> 讓我斑斑白髮閃爍而金亮
> 讓我鄉愁繽紛成你的風采
> 黃色的、綠色的薰衣草們
> 都幻化成紫色的淡淡情語
>
> 月光下的海洋
> 一分分地蘇醒
> 一吋吋地湛藍
> 粼粼波光是華麗的流動風景
> 波濤洶湧是永不歇止的懷念
> ……
> 不管人生多長　距離多遠

沒有天長地久　只有海角天涯
就只演這場月光唯美的童話
今夜未敢深深投入　唯恐
落幕久久也無法恢復自己
永遠的主角
仍是最遙遠的那顆星冷

　　月光在這裏，不再只是思鄉的某種寄托物，不再只有張若虛
的〈春江花月夜〉中那種種與人的情感世界生活世界相聯繫的特
性，而是月光自身即是一種"唯美的童話"，月光下的大海，月
光下的曠野，月色下的粼粼波光等這些自然本身超凡的美，得到
了更突出直接也更精細的表現。用詩中間詩人自己的話來說，月
光自身即是詩中"永遠的主角"。又如他的〈海之旅〉：

不知身處的經緯度
不設防風雨的恣意入侵
我心已守望成一座孤島
守望一分分一吋吋的湛藍
幻成浩瀚萬頃的碧波
天地是懷抱
海鷗是自由翱翔的旅人
……
漲潮與退潮是一樣景觀
輕濤拍岸是一首重複又溫柔的歌
燈塔忽明忽暗地旋轉

要從光的縫隙中
駕夜舟去探索你微笑的航線
航圖未標記停泊的港灣
只有思念的闌珊燈火
和星晨遙遠而稀微的淚光
……

　　海在這裏，也不僅是"自由的元素"，也不僅是理想的某種
化身，而是海自身的博大動蕩，萬頃波濤，它的潮漲潮落，它的
海鷗燈塔，他的遙遠的星星的"淚光"等等，成爲了海的自身的
自足的亦是超凡的美。又如他的〈月光沙漠〉：

風揚輕塵
美麗得如烟如歌
爲大漠的身軀紋上層次分明的圖騰

鍾愛沙漠夜旅
因沒有網絡或電子訊息的叩訪
只有星光傳遞的私語
可期待前方月光溫柔
後方商旅的駝鈴響脆

甘泉與綠洲只是預言
彎刀的傳奇
金字塔的神秘

還有因情怯而無法遞送的小詩
都被遍灑的月光掩埋
在沙漠深層熾熱的心裏

在古人的詩裏，沒有生命的沙漠很少進入到詩中，除了王維的一句"大漠孤烟直"，我們再想不起還有誰謳歌過沙漠的美。但是在綠蒂先生的這首詩裏，沙漠的奇幻的月光、起伏的沙丘的紋理，甚至沙漠深層的熾熱，都成爲了沙漠的一種獨立自足的美。

綠蒂先生此類寫景詩還有另一個特點，即是他筆下的風景，通常具有某種飄忽恢宏的特點。這些寫景詩之所以具有如此的特性，也是與他渴望在自然風景之中尋找某種超越性緊密相關的。因爲自然景物愈恢宏闊大，愈恍兮惚兮，就愈具有某種超越性色彩。也正因爲此，自然風景中的諸如大海、月光、天空、雲彩等一類博大恢宏的景物自然就成了綠蒂先生抒寫最多的對象。例如上引的三首詩都是如此，它們也都具有這種博大恢宏、恍兮惚兮的特點。又如〈秋分　坐看雲起〉中的兩節：

雲舒卷地　臥在平靜的海面
做爲海天一線之隔的
是秋陽金黃顏色的繡線

在思維與文字裏
從未形真實的依附
却也沒真正的離開
近在咫尺

> 又似遙遠在千萬光年之外
> 是紙鳶太過高遠的放飛
> 離線為童話的情節

這是寫雲，雲的恍惚飄飛，正可以寄托詩人的情思和嚮往。又如他的〈愛與死〉：

> 月光與潮汐不停推移
> 白鳥展翅飛去無聲
> 凝望中　優雅身影
> 却從未真正離去
> 暗海遠方的漁火
> 輕輕搖曳　緩緩
> 歸來　在小滿夜

這是寫海、月光、夜以及"白鳥"，這些景物無一不烘托渲染出一種飄忽恍惚的意境。類似的例子在《八十‧十八》中很多，它們構成了綠蒂先生這本美麗的詩集的最大特色，當然也是這些詩作最大的魅力所在。

此外，把對自然美景的描繪與詩人強烈的情感體驗的相結合，也成為他此類寫景詩作的特點之一。而之所以如此，是因為綠蒂先生的這類寫景詩，不是一般的對自然美的欣賞，而是彷彿觀照神跡一樣，是一種帶有超越性的體驗，或者說都帶著一種"存在的激情"。例如，在上引的〈月光魔法〉中的第一節：

> 月光是魔法師
> 讓我斑斑白髮閃爍而金亮
> 讓我鄉愁繽紛成你的風采
> 黃色的、綠色的熏衣草們
> 都幻化成紫色的淡淡情語

此一節，月光之境成為了一種具有迷幻色彩的風景，月光彷彿一位魔法師，讓詩人的白髮和他的整個生命都融入到迷幻的月光中，詩人的鄉愁彷彿也融入到其中而成為月光世界的一部分，熏衣草在月光下，也彷彿幻化成紫色的淡淡情語。我們需要注意的是，詩人的這些抒寫，不是冷靜的純客觀的描繪，而是融匯著詩人強烈的情感和某種類似於宗教性的體驗，因此，其情感格外打動人，又如上引〈月光沙漠〉的第一節：

> 風揚輕塵
> 美麗得如烟如歌
> 為大漠的身軀紋上層次分明的圖騰

在這裏，月光下沙漠的美"如烟如歌"，起伏的沙丘在月光下像層次分明的"圖騰"，月光下的沙漠既具有了一種神奇的超越世界的色彩，同時在也融匯著詩人在這美景體驗中所傾注的激情。

三

在此一部分，我們將探討在綠蒂的這本詩集中呈現出來的兩種"怪現象"，什麼"怪現象"呢？就是在綠蒂的那些如痴如醉表現自然美景的時候，常常有一種"孤寂感"和"缺失感"發生。這又是爲何呢？

我們先探討"孤寂"問題。

在綠蒂的這本詩集的相當一些作品中，常常會在展現自然美景的同時，表現出一種孤寂的感受，例如，〈安靜的海〉的第二節：

在披著星光的海岸
或是足印凹陷的沙灘
我携帶了一只瓶子
來收集獨行的孤寂
話語安靜得只剩下文字
我的秋　輕而淡
淡得只剩下落葉

又如在〈繪本〉一詩中的兩節：

老人以僅有的鄉愁
換取一片可自由流浪的大海

遺忘自己的島嶼與節日
在那個無所事事的午後
將盤旋在桅杆的鷗鳥
數了又數

無端的秋雨打濕了
陷落在海平線的夕陽
重複的下個浪潮
迅速淹沒了足印與城堡
在無人塗鴉的沙灘

　　此類詩作還有很多，例如〈也許老了〉、〈夜城〉、〈形狀〉、〈一杯茶在傾聽〉、〈答語〉等等，其中都表現或展現出一種孤寂的藝術境界。之所以會出現這種現象，乃是因為，綠蒂先生的熱愛自然風景，不是一般的旅遊觀光，不是一般的對自然美的欣賞，而是要在自然風景中，去感悟、追尋一種超越性的意蘊和價值。因此，這種意義上的風景欣賞，需要的就不是熱鬧，而是孤獨與孤寂，因為正是在這種孤獨與孤寂中，才能更好地與風景中的冥冥存在相交流，正如克爾凱郭爾所言，"一個人"才可以與上帝交流。此外，在藝術上，綠蒂先生的風景詩中所具有的這種孤寂感，與空寂寧靜的自然景色相融合，恰形成了一種王維式的孤寂境界，這也是他的此類詩歌魅力的一個重要原因。

　　現在，我們來探討綠蒂詩中亦經常出現的一種可稱為"缺失感"的現象。綠蒂先生的整個創作，總的說來，是以自然風景為核心的，是要在自然風景中追尋存在的價值的。但是，自然風景果真能夠提供給人以一種完全獨立自足的存在的價值嗎？答案其實是不敢十分肯定的，這其中的原因就是，"人"，還有更多的"屬人"的價值需求，例如"愛情"、"母愛"、"故鄉"、"親情"等等，它們占據著人類社會永恒價值的核心。這樣一種矛盾，其實在綠蒂先生的詩中也經常表現出來，一方面，他沉醉於自然的風景，他在自然風景中感受追尋某種永恒的存在，但是另一方面，他在這種沉醉追尋中，又感受到某種"缺失"，缺失什麼呢？缺失愛情、缺失鄉情等等；或者我們也可以這樣表述：當綠蒂在沉醉於自然美景時，同時又強烈地渴望，能夠在自然的美麗境界中，同時擁有或彌補上這彌足珍貴的人類情感。於是我們在綠蒂的這部詩集（別的詩集也經常有）中就經常看到，在他的許多主要描寫自然風景的詩中，常常在沉醉於其中時，一種對於愛情、鄉情的"缺失感"，同時也油然而生。例如在〈愛與死〉中：

月光與潮汐不停推移
白鳥展翅飛去無聲
凝望中　優雅身影
却從未真正離去
暗海遠方的漁火
輕輕搖曳　緩緩
歸來　在小滿夜

　　這在"月光與潮汐"的情景中突然浮現的如"白鳥展翅"一樣的"優雅身影"是什麼呢？是誰呢？也許我們無需追問，它或許就是在人生的長河中必然失落的烟花一樣的愛情，它們"從未真正離去"，永遠深藏在詩人的心底，而在那最美的時刻，它們就會如影子一樣浮現。又如在〈風寫的詩〉中，在詩的前面幾節，主要描繪了自然的美景，如"風　穿越蟬鳴／穿越流水聲／和不易透光的闊葉林／將雲潮濕的影子／投影在未寫完的稿紙"，但是，在詩的末尾，在自然的美景正方興未艾時，却似乎突然地出現了這樣的詩句：

　　風　吹翻了所有的落葉
　　吹亂你披肩的長髮
　　然後說：我不在那兒

　　正是在自然美景的沉醉之時，一種愛的"缺失感"油然而生。在綠蒂先生的這本詩集中，似此組合（自然美景與愛情、鄉情缺失感或嚮往的組合）還有許多，例如〈依舊，你在江南三月〉〈極光記游〉〈空間〉等等，都帶有這種特點。其實，詩人自己對他詩作這一特點，亦是有清楚的認識的，他在本書的〈自序〉中說："說詩如繩索，不爲攀登名利，只爲攀升更接近陽光與天空。說詩如容器，……也盛裝琥珀色的鄉愁與愛。"就把對自然風景的追尋和對鄉愁與愛的表現概括爲他詩作的兩大方面，當然，這兩方面不是並重的，風景是主要方面，鄉愁與愛則是點綴。

綠蒂先生詩中由這種"缺失感"所導致的對愛與鄉愁的點滴點綴，雖然比例小，但是在藝術上卻具有重要的意義。爲什麼呢？因爲正是這種缺失感的存在，使他詩歌的情感表現獲得了一種平衡，這個平衡就是自然與世事人情的平衡。如果我們假設綠蒂先生的詩（包括其它所有的詩集），裏面完全缺少愛情鄉愁的點滴表現，而完全以對自然風景及其存在蘊含的表現爲體，我們一定會感到某種不足。爲什麼？因爲我們是人，我們需要愛情、鄉愁的脈脈情愫，需要與她們肌膚相親。

四

《八十·十八》這部詩集在綠蒂先生的整個創作生涯中，帶有某種總結性的意義。他一生對藝術的追尋、對人生的理解，都包含在了他的這部詩集之中，也正因爲此，這部詩集比他前此的許多詩集，都更具有哲理性，更具有生命的厚重感，其"詩與思"相結合的特性亦比以往表現得更爲鮮明。當然，這些哲理，是用詩的語言表現出來的，是從詩的藝術形象境界裏自然生發出來的。例如第一首〈我詩　故我在〉，就揭示了詩於他的生命存在的意義，第二首〈往事不如烟〉，更帶有某種靈魂永存的意味：如第一節詩人寫道：

在烈焰中焚毀的
會在灰爐中尋回
爲洶湧巨浪淹沒的
仍標記在漂木上

　　被狂風摧殘的落葉
　　預言必在春泥裏重生

　　第三首〈見山與望雲〉，則涉及物我融合爲一問題，短暫與
永恒的關係問題。如第一節：

　　看山
　　山也看我
　　見山是山
　　或不是山
　　我恒是沉默　堅定而屹立
　　任愚公也無法位移
　　……
　　讀詩
　　詩也讀我
　　每條河　每顆星
　　都可以流浪
　　每條河　每顆星
　　都可以回鄉
　　只要風起時

　　綠蒂這部《八十‧十八》詩集，此類富蘊哲理的詩行詩節特
別多，其詩與思的結合構成了他這部詩集的又一大特色。

綠蒂與丁平交誼述要

馬輝洪

一、小引

　　綠蒂，本名王吉隆，一九四二年生，從一九六〇年代活躍至今的台灣詩人、文學出版人、文學活動組織者；丁平（一九二二年至一九九九年），本名寗靖，上世紀六〇年代至九〇年代活躍於為香港的詩人、學者、文學刊物編輯。一九六〇年代初，綠蒂與丁平身處臺港兩地，因各自主編文學刊物而認識，至一九八〇年代綠蒂擔任中國文藝協會理事長和《秋水》出版人，經常過港與內地的文藝團體交流，不時與丁平在香港見面，彼此了解日深。本文回顧綠蒂與丁平三十多年來的交往與情誼，舉其要者以作闡述。

二、《野風》與《華僑文藝》

　　一九六一年十二月，年方十九的綠蒂從台灣文壇前輩田湜

（本名陳文尚，一九二九年至二〇〇二年）的手中接下《野風》文藝月刊，從第一五八期開始擔任第三任主編，[1] 直至一八八期（一九六四年十月）為止，前後三年。《野風》是綜合性的文藝雜誌，提供園地發表文學作品，期間發掘了一些具有潛質的青年作家；除了刊登臺灣的稿件，《野風》亦發表臺灣以外地區如香港、菲律賓等地的作品。《野風》的作品「著重於內心抒發、個人情感、及生活經驗等」，既重視文學性亦強調現實性。[2] 據綠蒂憶述，他們當時辦雜誌的喜歡透過交換雜誌認識文友，大概在一九六二年間他把《野風》寄給丁平，其後亦收到丁平寄來的《華僑文藝》，儘管綠蒂、丁平二人從未見面，但透過彼此的刊物而認識。一九六二年六月創刊的《華僑文藝》是香港純文藝刊物，由韋陀（本名黃國仁）擔任社長，丁平任執行編輯，出版了第十二期（一九六三年五月）後改名《文藝》，再出版了十四期至一九六五年一月後停刊，合共出版了二十六期。期間，綠蒂應丁平約稿，第一篇在《華僑文藝》發表的作品是〈南方的星〉，刊於第二卷第一期（一九六二年十二月）：

---

[1] 《野風》由金文、師範、魯鈍、辛魚及黃楊於一九五〇年十一月共同創辦，主張「創造新文藝，發掘新作家」，堅持共同審稿和編輯，直至第四十期；一九五二年七月，田湜從第四十一期起接任為第二任主編，至第一五七期止；一九六一年十二月，綠蒂從第一五八期起接任為第三任主編，至第一八八期止；一九六四年十一月，許希哲從一八九期接任第四任主編，至第一九二期停刊為止。見「《野風》」，《臺灣大百科全書》。詳見：
http://nrch.culture.tw/twpedia.aspx?id=2231

[2] 王怡婷〈師範先生與野風雜誌及其創作系列報導〉，《國立中央大學圖書館通訊》第三十九期（二〇〇四年十二月）。詳見：
https://www.lib.ncu.edu.tw/book/n39/39-3a.htm

時光的小嘴無聲地嚼碎夜幕

讓天堂的光漏進

閃爍在不同的方位上

像被遣散的珍珠項圈

像一顆顆少女的眸子

予人以無數的幻想

以及富詩意的爭論無數

夜窗恆開在向南三十度的方位

我默默地做嵌在窗框的靜物

讓星光徘徊

讓思慕的恆恆輕輕佇立

佇立在遙遠的方位

將遙遠的美麗

照亮我稚氣的睡夢

而我夢裏的黑夜再不用懸燈了

　　　　　五十一年九月於公館

　　綠蒂發表〈南方的星〉時，雖然已出版第一本詩集《藍星》
（一九六〇年），但仍處於寫作生涯的起步階段，每每以周遭事
物映照朦朦朧朧的浪漫情懷，處處顯露詩人對時光流逝的觀察，
詩中形容「時光」可以咀嚼「夜幕」，「天堂的光」既像「被遣散
的珍珠項圈」，又像「一顆顆少女的眸子」，而「星光」亦可照亮
「睡夢」，以至「夢裏的黑夜再不用懸燈了」，意象豐富。一九六
二年，綠蒂除了主編《野風》文藝月刊外，還與一信、素跡等詩

友創辦《野火》詩刊，[3] 因此丁平在《華僑文藝》介紹綠蒂時說他「是一個文藝月刊及一個詩刊的主編」。[4] 一年又四個月後，綠蒂在《文藝》第九期（一九六四年四月）發表了第二首詩作〈海上的過客〉：

> 用我們傲立季風的姿態
> 踏海洋的步伐啟程吧
> 我們去海上，去船上
>
> 你知我是患有暈船症的
> 而我必須偽裝得英雄些
> 我須學習暫忘柔愛的召喚
> 我們結伴去飄泊
> 我們去每個碇泊的港口豎立我們的塑像
>
> 我們依舊可以攜獵槍去船上
> 到海上炫耀我們穿楊的槍法
> 用海鳥的血染紅九月的晚天
> 我們的詩筆要豪邁如船長的水手刀

---

[3] 另外，綠蒂與楊文、楊逸主編《中國新詩》，一九六一年五月創刊，同年八月出版第二期後停刊；一九六五年十月，《中國新詩》復刊，由「中國青年詩人聯誼會」編輯發行。見「綠蒂創作年表」，《十八・八十》（臺北：普普文化，二○二○年五月），頁一七六至一八二。

[4] 見〔丁平〕「讀者・作者・編者」，《華僑文藝》第二卷第一期（一九六二年十二月），頁四七。

我們寫乘風破浪，寫星殞月落
寫水手不是過客，寫水手的牛飲量
　　（我不寫那跳海殉情的雲了，那雲只是傻瓜。）

我們到那不勒斯灣的星夜
你飲白蘭地，我飲海風
當濕露浸熄了煙絲
我就告訴那可笑的秘密
告訴你，我可愛的小戀人是誰
那小戀人羞澀的微笑如何叫我徹夜美麗地失眠
那小戀人善溜轉的眼珠如何叫我長夏寂寞地守候

有朝我們要回航的
當我學會了矻立
矻立在每一個晴日，矻立在每一個雨天
當我蓄一臉濃濃的短髭
我就回航，回故鄉去溫習戀愛
我要向我那小戀人炫示
說每個港口都題有她如花的名字
說我不再患有幼稚的暈眩症
我不再淚泣她胸前的蝴蝶結的失落
我的胸膛是避風港
我心上存在無數幅海景
要襯托以日後每一頁情書，每一句愛語。
　　　　（五十二年八月于綠窗）

　　陳巧如指出綠蒂的現代詩:「孤寂、漂泊常如影隨行,然孤寂是美麗輕盈而不哀傷,漂泊是堅持的沉迷,這孤寂、漂泊具有與眾不同的滋味,別具個人風采。」。[5] 綠蒂年青時期的詩作,已經展現出對漂泊主題的偏愛,〈海上的過客〉就是這類作品的經典例子,不過綠蒂的「漂泊」非但不哀傷,甚至呈現出昂揚的姿態:「用我們傲立季風的姿態/踏海洋的步伐啟程吧/我們去海上,去船上」;從海上回來後,他就可以用「心上存在無數幅海景」來襯托他對小戀人「日後每一頁情書,每一句愛語」。綠蒂在《華僑文藝》發表〈南方的星〉和〈海上的過客〉二詩後,因忙於應付《野風》的稿件,未有再交更多作品給《華僑文藝》刊發。《華僑文藝》出版期間,曾經發表覃子豪、紀弦、鍾鼎文、周夢蝶、洛夫、向明、管管、商禽、楚戈、張默、司馬中原、辛鬱、鄭愁予、張健、葉珊等六十一位台灣作家的作品。[6] 五十年後,綠蒂回顧《華僑文藝》時表示:「這份刊物與臺灣文學界的關係,應該說是非常密切的,因為在《華僑文藝》上的作家都是臺灣當紅的、重要的作家」。[7]

---

[5] 陳巧如《綠蒂現代詩研究》(嘉義:南華大學文學系碩士學位論文,二〇一一年),頁一六三。

[6] 馬輝洪〈一九六〇年代港臺文學交流的場域 —— 以《華僑文藝》為考察中心〉,收入馬編著《遺忘與記憶 —— 丁平及其時代訪談集》(台北:萬卷樓圖書股份有限公司,二〇一九年),頁一七九至一九二.

[7] 馬輝洪〈包容多元的《華僑文藝》 —— 綠蒂訪談記〉,收入馬編著《遺忘與記憶 —— 丁平及其時代訪談集》,頁四一至四九。

二、「世界詩人大會」與「中國文藝協會」

　　一九九四年八月二十七日至三十一日，「第十五屆世界詩人大會」在台北「環亞大飯店」舉行，來自四十八個國家五百三十五位代表參加大會，盛況空前。這屆會議主題為「世界詩歌在二十世紀的發展」，並設有分主題「詩歌與自然」及「詩歌與社會」，由余光中和胡品清做主旨演講。大會安排了詩歌研討會、詩歌朗誦會等多項活動，交流各國詩歌創作及研究的經驗。綠蒂是「第十五屆世界詩人大會」會長，專函邀請丁平組團參會，因此丁平率領何江顯、連僑思、陳喜勤、印秀華、鍾潔芝、楊慧思、蘇瓊花、杜連嬌、梁素雲、陳麗虹、蘇麗華和陳月明共十二位學生一起參會。[8] 丁平與不少台灣作家熟稔，此行自然是他們難得敘舊的機會，丁平學生何江顯曾經記述他們見面時動人的情景：「記得飛抵台北時已是深夜。到達酒店，迎上來的是呆等了大半晚而仍不肯離去的魏子雲教授、張默、向明、鄧文來等前輩，他們的熱情，至今仍銘記。」[9] 會議期間，他們還拜會了鍾鼎文、胡品清、余光中等著名作家。此外，大會頒發「詩歌工作貢獻榮譽獎」給丁平，表揚他多年推動詩歌發展的貢獻。

　　一九九七年八月二十日至二十四日，「第十七屆世界詩人大會」在韓國首都漢城（現稱首爾）召開，有二百位詩人與會，包

8　馬輝洪〈師生情長 —— 江顯訪談記〉，收入馬編著《遺忘與記憶 —— 丁平及其時代訪談集》，頁一三五至一四七。

9　江顯〈悠悠意，纏綿情〉，《秋水》第一四三期（二〇〇九年十月），頁八二至八六；另收入丁平著《萍之歌 —— 丁平詩選》（香港：香港中國文學學會，二〇〇九年），頁三〇八至三二〇。

括當地詩人，以及約一半來自其他二十個國家和地區。大會活動包括主題演講、詩歌朗誦、遊覽古跡、園林和博物館等。透過綠蒂的聯繫，丁平再次率領學生參加大會，包括何江顯、馮燕雲、范志紅、鍾潔芝、蘇瓊花、陳喜勤、龐金英、倪雲碧、何麗兒、沈慧玉、屈倩萍、駱美萍、李彩霞和馬輝洪共十四位學生參會。[10] 何江顯形容丁平：「身處國外，應酬相對是減少了，面對異國風情，人也輕鬆得多。我們盡情的享受着韓國的民族舞蹈、阿里郎的歌聲、漢江上的吟詠。這應該是老師很愜意的一次旅程吧！」[11] 何江顯此話不虛，丁平遊漢城期間寫下了〈漢城的黃昏 —— 八月，三地情之三〉一詩，[12] 並在第一節「漢江，妳怎麼不說話？」中，從眼前南韓「漢江」的平靜，遙想起蘇聯「頓河」的默哮，以及念茲在茲中國「黃河」的怒哮：

> 沉默的漢江啊
> 妳為甚麼不像不死地在
> 心哮的頓河，也沒有
> 黃河永恆地在
> 咆哮的勇氣？

　　丁平在此詩第二節「舞語」中，更流露了詩人「忘我」的情意，可見此行的「盡情」與「愜意」：

---

[10] 同註 8。

[11] 同註 9。

[12] 丁平〈漢城的黃昏——八月，三地情之三〉，丁著《萍之歌 —— 丁平詩選》，頁二四六至二五一。

妳把我醉倒了
笛聲與鼓擊輕重地混和的
淺悲與重吟

妳把我迷住了

　　一九九八年五月十六日，丁平創立「香港中國文學學會」，竭力匯集海內外的中國文學工作者，並「共同擔負中國文學的繼往開來之民族使命」。[13] 兩個月後，丁平應「中國文藝協會」綠蒂理事長的邀請，率領「香港中國文學學會訪問團：第一團——台灣」，由一九九八年七月十六日至二十日，隨團成員包括何江顯、陳喜勤、蘇瓊花、蘇麗華、李彩霞、楊岳、何麗兒、駱美萍和沈慧玉。此行獲邀於七月十九日在「中國文藝協會」參加文學座談會，以及舉辦「丁平教授師生藏玉欣賞會」，展出丁平珍藏多年的古玉四十餘件，出席的作家有魏子雲、羅蘭、周夢蝶、向明、汪洋萍、羅門、管管、鄧文來、張默、辛鬱、張健、涂靜怡、趙化、風信子、陳義芝、張國治、栞川等。[14] 此外，訪問團於七月二十日專誠拜會了台北國立故宮博物院秦孝儀院長，感謝他為「香港中國文學學會」會名題字。何江顯形容丁平「此行非常高興，回港後仍不時與沒有出席的同學提起這次難得的旅程」。[15]

---

[13] 見〈《香港中國文學學會》會章（一九九八年五月十六日）〉。
[14] 同註 8。
[15] 同上註。

三、丁平的逝世

一九九九年十一月二日,丁平因癌病離世,《秋水》第一〇四期(二〇〇〇年一月)籌辦了「文學的播種者 —— 追懷丁平教授」專輯,刊登來自中國大陸、臺灣、香港三地共二十八位作家的悼念詩文。[16] 《秋水》主編涂靜怡表示:「丁平教授一生為提攜愛好文學和詩歌的學子,長期孜孜不倦於他的愛心教學,從這個『專輯』中,我們可以讀到二十八位詩友對他真情流露的追思,相當感人」。[17] 其中綠蒂在他的散文〈文藝的播種者 —— 丁平教授〉中,既憶及他與丁平的交往、丁平率團參加「第十五屆世界詩人大會」和「第十七屆世界詩人大會」的舊事,亦談到丁平與學生的相處、丁平藏玉贈玉的雅好。綠蒂認為:「他終其一生從事文學研究及教學,為人謙虛,誨人不倦,實為這一代文學家的風範。他為詩壇所做的貢獻,為中國文學的紮根及傳承,功績更是不可抹滅。」[18] 由此可見,綠蒂對丁平的為人處事、教學研究、傳承文學的評價相當高。

丁平除了早年出版《在珠江的西岸線上》(1942 年)和《南陲線上》(1956 年)二冊詩集外,居港四十年期間詩作雖然不時

---

[16] 「文學的播種者 —— 追懷丁平教授」專輯,見《秋水》第一〇四期(二〇〇〇年一月),頁八五至一二五。

[17] 涂靜怡〈編者的話〉,《秋水》第一〇四期(二〇〇〇年一月),頁八。

[18] 綠蒂〈文藝的播種者 —— 丁平教授〉,《秋水》第一〇四期(二〇〇〇年一月),頁八七。

見諸報刊，卻從未結集出版。二〇〇九年，何江顯與另外八位丁平的學生，出版《萍之歌 —— 丁平詩集》作為丁平逝世十周年的紀念。何江顯在懷念丁平的文章〈悠悠意，繾綣情〉中道：

> 我們都知道出版詩集這念頭您已擱在心裏很久，雖然您口裏一定還會謙說「有待」，認為自己的作品從質到量都未到結集成書的階段。但，作為您離去十周年的紀念，您就容許我們不依您的指示一次吧，畢竟，這是所有同學的殷切期望呢！[19]

《萍之歌 —— 丁平詩集》收錄丁平從一九五四年至一九九九年期間長短新詩共六十首，另外還有他兩篇詩語（〈詩 —— 文學隨筆之一〉及〈詩的隨想〉）。綠蒂應邀為此詩集撰寫序言〈丁平先生其人其詩〉，懷念「這位溫文儒雅的詩人學者」。[20] 綠蒂一直活躍於台灣文壇，長期擔任「中國文藝協會」理事長，了解丁平與台灣文學界的交往互動，知道丁平：

> 旅居港澳，與台灣詩壇詩人交往熱絡而熟悉，最為詩友稱道的是其治事嚴謹，待人誠懇，教學認真，諄諄善誘，與學生相處猶如一家人的融洽，堪為師表。[21]

---

[19] 同註 9。

[20] 綠蒂〈丁平先生其人其詩〉，收入《萍之歌 —— 丁平詩選》（香港：香港中國文學學會，二〇〇九年），頁 xv 至 xvii。另外，此文亦收錄於「南陲幽思 —— 懷念丁平老師逝世十周年專輯」，《秋水》第一四三期（二〇〇九年十月），頁八一。

[21] 同上註。

從投稿《華僑文藝》算起，綠蒂與丁平的交往超過三十多年，熟識丁平的詩作風格：

丁平先生的著作除文學論述外，詩歌作品，長者千行萬行，短者四行八行，收放自如，功力不凡，雖專精理論研究，卻不為理論所拘，創作自成一格。擅長寫人敘事，激情而不濫情、不晦澀也不膚淺，讀其作品易如入其境而餘韻無窮。[22]

綠蒂對於丁平〈自己之歌〉評價甚高，特別推許詩作最後一段，認為「可見其觀照生命的寬度與深度」：[23]

　　江流啊
　　此刻縱使你再次從稻林中
　　走出　　我已不為豐收的歡情所動
　　你的燈不必再為我點燃
　　我只想獨居
　　在浩瀚與浩瀚之間我僅為栽植
　　死亡

《萍之歌 —— 丁平詩集》付梓出版時，綠蒂邀請丁平學生於二〇〇九年十二月六日下午三時三十分假「中國文藝協會」舉辦「丁平先生詩集發表會」。當日出席發表會的丁平學生有鍾潔芝、蘇瓊花、李彩霞、楊岳、梁榮宗、梁潔貞和馬輝洪共七位，

---

[22]　同上註。
[23]　同上註。

除了丁平學生發言分享丁平生活的片段和詩集出版的點滴外，還有向明、楊啟宗等前輩憶述他們與丁平的交往。[24]

四、小結

　　綠蒂接受筆者訪問時表示：「丁平先生不僅是一位詩人、學者，也是一位謙謙君子、溫柔敦厚的人。對朋友、對學生，他的態度誠懇、真摯。」[25] 綠蒂與丁平的年歲雖然相距二十載，但從三十多年的交往中，可見他們互相敬重，相知相交。他們二人的聯繫交往，不妨視為臺港文學互動的具體例子，從側面反映一九六〇年代至一九九〇年代兩地的文學發展。

---

[24] 馬輝洪〈懷念詩人丁平老師 —— 兼記「丁平先生詩集發表會」〉，《文學人》總第二十二期（二〇一〇年十二月），頁十六至十七。
[25] 同註 7。

附　錄

綠蒂（王吉隆）文學生命
歷程與創作年表

一九四二年（一歲）

　　△綠蒂，本名王吉隆，一月七日生於台灣省雲林縣北港鎮。
　　　父親為儒醫詩人、私塾「尚修書房」主持人王東燁先
　　　生。

一九四八年（七歲）

　　△入讀北港南陽國民小學。

一九五三年（十二歲）

　　△入讀北港初中。

一九五六年（十五歲）

　　△考入省立北港高中，愛看中外文學名著。閱讀《少年維特
　　　的煩惱》之際，開始練習詩創作，隨意的用了「綠蒂」
　　　這個筆名。

一九五九年（十八歲）

　　△考入淡江大學化學系，因對文學的熱愛轉學中文系。中國
　　　青年寫作協會常務理事。

一九六〇年（十九歲）

△處女詩集《藍星》出版。中國青年詩人聯誼會總幹事。

一九六一年（二十歲）

△九月，從田湜手中接下《野風》文藝月刊雜誌主編。《中國新詩》雜誌於五月創刊，八月出版第二期後停刊，之後復刊，由綠蒂、楊文、楊逸主編。創立了長歌出版社。

一九六二年（二十一歲）

△五月四日，《野火詩刊》創刊，綠蒂、素跡主編。

一九六三年（二十二歲）

△十一月十二日，第二本詩集《綠色的塑像》由野風出版社出版。

一九六四年（二十三歲）

△十一月十二日，與一信、朱橋創立「中國青年詩人聯誼會」，出版書刊，設立「中國青年優秀詩人獎」，並巡迴各大專校院，舉辦座談會及詩歌朗誦。

△十一月二十二日，與一信、宇彬共同創辦《中國新詩》，任發行人，中國青人詩人聯誼會舉行。

一九六五年（二十四歲）

△八月，詩作〈雨中韻〉選入幼獅文藝第一四〇期。

△十月，創辦《中國新詩》，由「中國青年詩人聯誼會」編輯發行。

一九六七年（二十六歲）

△十一月十二日，與鍾鼎文、鍾雷、一信及各大詩社發起成立「中華民國新詩學會」。

一九六九年（二十八歲）

△八月二十五至三十日，參加菲律賓首屆世界詩人大會。（第一屆世界詩人大會，鍾鼎文為團長）

一九七〇年（二十九歲）

△任中華民國新詩學會總幹事。擔任青年救國團夏令文藝營指導員。創辦長歌出版社。

△五月，主編《中國新詩選》，由長歌出版社出版。

一九七二年（三十一歲）

△創辦《文學沙龍》。

一九七三年（三十二歲）

△九月，與鍾鼎文、古丁創辦英文《英文中國詩刊》（Chinese Poetry），任社長。

△十一月十一至十七日，參加第二屆在台北圓山大飯店舉行的世界詩人大會。

一九七四年（三十三歲）

△一月，與古丁、涂靜怡共同創辦《秋水詩刊》，任發行人。

一九七五年（三十四歲）

△獲教育部頒贈「詩教獎」。

一九七六年（三十五歲）

△二月七日，主持《秋水詩刊》兩年來第一次作者聯歡會。

△六月二十三至二十七日，參加第三屆在美國馬里蘭州巴爾的摩市舉行的世界詩人大會。

一九七七年（三十六歲）

△任中華民國新詩學會秘書長。

一九七九年（三十八歲）

　　△七月二至七日，參加第四屆在韓國漢城市舉行的世界詩人大會。

一九八一年（四十歲）

　　△七月六至十日，參加第五屆在美國舊金山舉行的世界詩人大會。

一九八二年（四十一歲）

　　△元月，當選中華民國新詩學會理事。

　　△七月十九至廿四日，參加第六屆在西班牙馬德里市舉行的世界詩人大會。

　　△十一月二十一日，出席泰國總理兼詩人尼巴莫親王應邀來華訪問歡迎茶會。

一九八四年（四十三歲）

　　△參加第七屆在摩洛哥克西市舉辦的世界詩人大會。

一九八五年（四十四歲）

　　△九月底，參加第八屆在希臘科孚島舉辦的世界詩人大會。

　　△十二月十三日，出任中華民國新詩學會第六屆總幹事。

一九八六年（四十五歲）

　　△獲頒美國世界藝術文化學院 World Academy of Arts and Culture 榮譽文學博士。

　　△十二月二十八至三十一日，參加第九屆在印度馬德拉斯市舉行的世界詩人大會。續擔任中華民國新詩學會秘書長。

一九八七年（四十六歲）

　　△五月三十一日，出席詩人節慶祝大會，獲頒詩運獎。

一九八八年（四十七歲）

△十一月十四至十八日，參加第十屆在泰國曼谷市舉行著世
　界詩人大會，擔任台灣代表團秘書長。

一九八九年（四十八歲）

△九月，《新詩學報》創刊，發行人鍾鼎文，綠蒂擔任主編。

一九九〇年（四十九歲）

△參加第十一屆在埃及開羅市舉行的世界詩人大會。擔任中
　華民國新詩學會代表團秘書長。

一九九一年（五十歲）

△五月，詩集《風與城》由協城出版社出版。

△八月，應邀到北京參加「艾青作品國際研討會」。

一九九三年（五十二歲）

△獲得香港廣大學院文學博士。應聘任美國世界藝術文化學
　院副院長。

一九九四年（五十三歲）

△八月，擔任第十五屆台北世界詩人大會會長。

一九九五年（五十四歲）

△詩集《雲上之梯》出版（自選詩集英譯本）。

△七月，詩集《泊岸》出版，躍昇文化公司出版。

一九九六年（五十五歲）

△主編《中華新詩選》，由文史哲出版社出版。

△十二月主編《寶島風采》由台灣省政府新聞處發行。

一九九七年（五十六歲）

△四月，詩集《坐看風起時》由秋水詩刊社出版。續應聘美
　國世界藝術文化學院副院長。

一九九八年（五十七歲）

△四月，詩集《沉澱的潮聲》在大陸由中國文聯出版社出版。

△六月，主編《中華新詩選粹》由中華民國新詩學會編選。

△七月二十六日，應蒙古國著名詩人森·哈達之邀，訪問外蒙古。應日本東京創價大學及關西學園邀請專題演講，並獲頒創價大學最高榮譽成就獎。出任中華民國新詩學會理事長。

一九九九年（五十八歲）

△應聘為香港廣大學院文研究所客座教授。詩集《As I Sat and Watched the Rise》出版。擔任中國文藝協會第二十八屆理事長。

△五月四日，與一信主編的《詩報》復刊，由中國新詩學會策劃。

△十月，參加第二十屆在墨西哥舉行的世界詩人大會。

△十月十二日，策劃、及評審「詩迎千禧年」徵詩活動，由行政院文建會主辦。

二〇〇〇年（五十九歲）

△一月，出席在北京舉辦之「綠蒂作品研討會」，由中國作家協會舉辦。

△四月，詩集《風的捕手》由秋水詩刊社出版。

△八月，參加第二十一屆在希臘舉行的世界詩人大會。八月，主持文建會「詩迎千禧年」活動。八月，主辦「詩與人生」學術研討會。

二〇〇一年（六十歲）

△四月，詩集《孤寂的星空》由秋水詩刊社出版。

△八月，應雲南大理文聯之邀，率團出席大理主持的「詩歌

座談會」。

二○○二年（六十一歲）

△出席由中國作家協會在北京現代文學館主辦「綠蒂作品研
　討會」。續任中華民國新詩學會理事長。

△八月十三至二十四日，應大陸中國文聯之邀，率團訪問新
　疆十二天。

二○○三年（六十二歲）

△四月，詩集《春天記事》出版，普音文化公司。

△五月，《文學人》創刊，綠蒂為發行人。續任中國文藝協
　會第二十九屆理事長。

二○○四年（六十三歲）

△六月，詩集《夏日山城》由普音文化公司出版。

△八月，參加第二十四屆在漢城舉行的世界詩人大會。

△十月，應波士頓 Simmons College 之邀，赴美參加「中國
　詩歌研討會」。順成訪問洛杉磯會晤華文作家協會。

△十一月，以詩集《夏日山城》獲得中山學術文化基金會主
　辦之第三十九屆中山文藝創作獎。

二○○五年（六十四歲）

△任《新原人》季刊總編輯。

△七月，出席澳門主辦的「兩岸四地詩歌書法論壇」。七月，
　應中國文學藝術界聯合會邀請，率中國文藝協會訪問
　團赴北京、山西、內蒙古三地訪問，並出席兩岸文藝
　交流研討會。

二○○六年（六十五歲）

△續任中華民國新詩學會理事長。

△九月,詩集《存在美麗的瞬間》在大陸由中國文聯出版社
　出版。九月,出席第二十六屆在蒙古烏蘭巴托舉行的
　世界詩人大會。

△十一月,主編台灣商務印書館出版發行之「現代文學典藏
　系列」。十一月,詩集《綠蒂詩集》由台灣商務印書
　館出版。

二○○七年(六十六歲)

△九月,出席第二十七屆在印度馬德拉斯市(清奈市)舉行
　的世界詩人大會。出席雲林縣華山詩人節活動,並參
　加以「詩情畫意　咖啡文學」為主題之詩歌朗誦會。

二○○八年(六十七歲)

△九月,詩集《秋光雲影》由普音文化公司出版。

△九月二十八日,出席由中華民國文化促進會、台灣兩岸文
　化藝術聯盟、澳門中華民族文化促進會聯合主辦之
　「兩岸文化交流協會會議」。

二○○九年(六十八歲)

△六月十七日,主持由台灣文藝協會與中國文學藝術聯合會
　聯合舉辦「世紀初藝術——海峽兩岸繪畫聯展」開幕
　典禮及研討會。

△十月二至四日,出席重慶師大主辦海岸兩岸「中秋月圓」
　詩歌朗誦會,及「台灣詩人綠蒂、雪飛作品研討會」。

△獲頒北港高中傑出校友。

二○一○年(六十九歲)

△五月四日,榮獲中國文藝協會九十年第五十一屆榮譽中國
　文藝獎章「文學詩歌獎」。擔任「第六屆台北文學獎」

評選。

二〇一一年（七十歲）

△五月四日，當選中國文藝協會第三十一屆理事長。

△九月，舉辦「海峽兩岸書畫名家聯展」。

△十月，參加韓國第三十屆世界詩人大會，獲頒「國際桂冠詩人獎」。

△十二月十七日，應邀出席「澳門馬萬祺詩歌論壇」。

二〇一二年（七十一歲）

△四月，出版《冬雪冰清》詩集，普音文化公司。

二〇一三年（七十二歲）

△十一月，擔任在台北舉辦第三十三屆世界詩人大會會長。

△舉辦海峽兩岸藝術家水墨丹青大展。

二〇一四年（七十三歲）

△一月，出席由中國作家協會及中國詩歌學會於現代文學館主辦的「綠蒂作品及四季風華作品研討會」。獲國際詩人筆會頒贈傑出詩歌貢獻獎。獲第三十四屆秘魯世界詩人大會頒贈「桂冠詩人獎」。

△十月，接任秋水詩刊主編，並改版擴大發行。應邀出席洛陽詩歌節，應聘為洛陽師範學院榮譽教授。

二〇一五年（七十四歲）

△應聘為淮陽漂母杯「愛心文化大使」。應聘為嘉興月河杯「文化大使」。

二〇一六年（七十五歲）

△應邀嘉賓出席中國文聯第十次文代會。應邀出席香港兩岸四地藝術論壇。

二〇一七年（七十六歲）

　　△六月，出版詩集《北港溪的黃昏》，普音文化出版；並在
　　　　張榮發基金會舉辦新書發表會。

二〇一八年（七十七歲）

　　△元月，寶島藝術展，率團赴中國文聯舉辦藝術展。

　　△九月，出席北京大學現代詩百年紀念研討會。

　　△十月，赴貴州出席第三十五屆世界詩人大會。

　　△十二月，應邀出席廣東清邁國際詩歌會議。

二〇一九年（七十八歲）

　　△元月三日，赴台大中文系研究所談「詩刊‧詩創作經驗」。

　　△三至五月：籌辦「中國文藝獎章 60 榮耀迴響」、「中國文
　　　　藝協會第 32 屆會員大會」、「鶴山二十一世紀國際論
　　　　壇」及「文藝獎章頒獎典禮」。此多項活動於五月三
　　　　日、四日，在張榮發基金會會議廳舉辦。

二〇二〇年（七十九歲）

　　△八月，出版第二十本詩集《十八‧八十》。

二〇二一年（八十歲）

　　△十二月四日舉辦「綠蒂詩路八十」詩歌研討會。

陳福成編輯